川の中の美しい島・輪《わ》中《じゅう》

《熊本藩豊後鶴崎からみた世界》

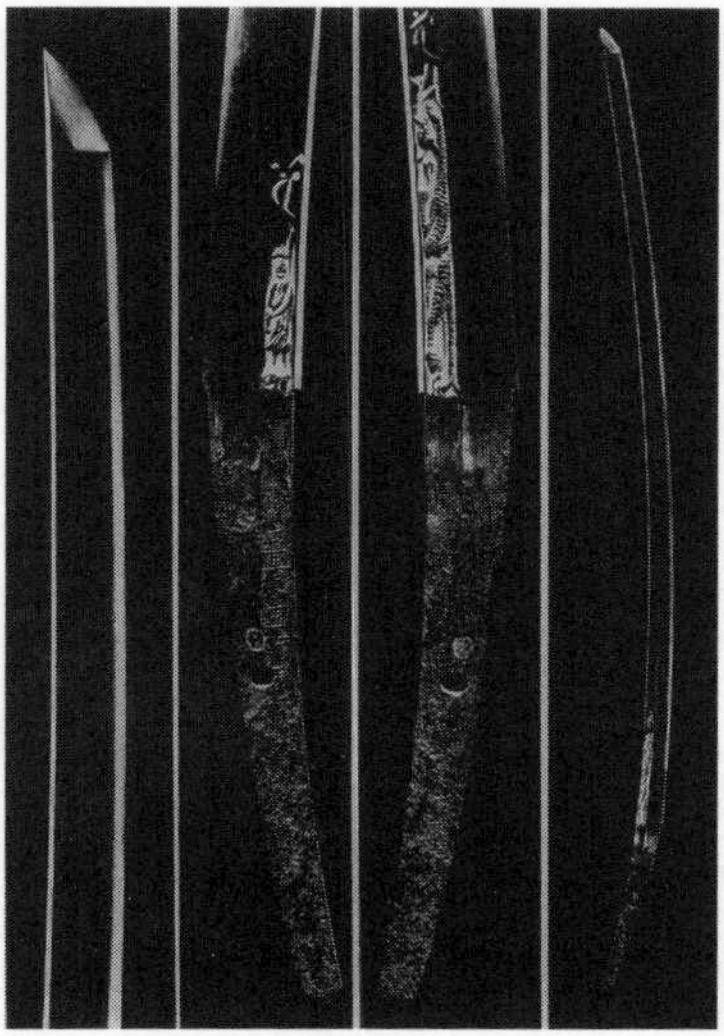

長野浩典

Nagano Hironori

◉弦書房

装丁＝毛利一枝
〈カバー表〉
大正七年の高田輪中を示す地形図
〈カバー裏〉
高田輪中の住宅街にみられる美しい石垣
〈表紙〉
細川侯参勤交代船隊鶴崎入船絵馬
（鶴崎劔八幡神社所蔵）
〈本扉〉
国宝に指定されている「古今伝授の太刀」
（高田輪中の刀鍛治・行平の作）

目次

まえがき

高田輪中《たかたわじゅう》は大分県大分市東部、一級河川大野川の下流にある。ここは大野川が形成した中洲で、周囲を堤防に囲まれている。輪中は南北にながい楕円形をしていて、南北二・七キロメートル、東西一・四キロメートルほどである。集落が堤防に囲まれているから、「輪中集落」である。輪中といえば、すぐに濃尾平野が思い起こされる。濃尾平野には多くの輪中があるが、しだいにその堤防が取り除かれ、徐々に数が減っているといわれる。

輪中集落は、大分県ではここだけで、九州でも今や珍しい存在である。熊本、大分、福岡の三県にまたがる筑後川流域にも、輪中はある。しかし、ここでも輪中らしい景観が失われつつある。高田輪中も同様で、近年急速に拡大した輪中内の住宅地では、輪中らしい景観がしだいに薄れつつある。それだけではない。高田地区に住んでいながら、ここが輪中だという認識がない新しい住人も多いという。また大分市民においても、高田地区が輪中だということを知らない人は多い。

筆者が高田輪中を歩きはじめたのは、二〇一〇年ごろからである。地元の方に輪中らしい場所を案内していただいたときの印象は新鮮だった。「なるほど、これが輪中集落か」と思った。特に新鮮だったのは、石垣住居がみられる地区だった。家屋は石垣の上にあり、石垣の続く道は、石垣で造られた迷路のようになっている。はじめは、「輪中の景観」に魅せられた。魅せられたのは、筆者だけではない。多くの歴史や地理の研究者が、高田輪中を調査し論文にまとめている。それは本書でも、大いに活用させていただいた。

しかし、高田輪中の歴史や地理を調べはじめると、さらに興味がわき起こった。おそらく高田に人が住み始めて以来ずっと、高田輪中は水害頻発地帯であった。いまでこそ水害が起こるリスクは少なくなったが、以前は五〜六年に一度、水害に見舞われていた。何より素朴な疑問は、「なぜ人が住み続けるのだろう」ということだった。また水害に見舞われるのに、高田輪中では常に水不足に悩まされた。戦後になるまで、高田輪中には水田がなかったのである。こうした疑問には、もちろん本書でこたえているつもりである。

本書は、高田輪中の歴史を現代から少しずつさかのぼりながら論じているが、その歴史にまた興味をそそられる。そして高田輪中の歴史を知るための資史料が、時を重ねながら残されていることに驚かされる。本書を書くにあたって、主に利用した史料や著作をあげると、江戸時代後期の『新刀豊後国高田鍛冶史料』、『高田風土記』、明治末の『大分郡高田村是』、大正九年の『高田村志』、平成二四年の『続高田村志』などである。水害多発地帯だけに史料が失われる可能性が大きいにもかかわらず、時代毎に重要な史料が伝えられている。いや、水害で史料が失われる可能性が高いからこそ、人々は歴史を後代に残そうと努めてきたのかもしれない。

一般に輪中集落は、水害など住民が運命をともにする出来事がたびたび起こるため、住民の結束が固いといわれる。高田輪中も、同じことがいえるであろう。そのような結束の強さは、自分たちの住む輪中の歴史や文化への愛着につながってきた気がする。そうして『高田村志』が生まれ、それから約一〇〇年後に『続高田村志』が編まれた。この二冊は輪中の住民の手によって書かれたが、まさに自分たちの住む地域、高田輪中への愛着とこだわりが生んだものといって良い。大正九年に『高田村志』が編まれたとき、「小さな一寒村で大変立派な村史が刊行されたことは、異例で珍しく、当時大分県下で大変評判になった」という。そして『高田村志』は、「高田地域を研究し学ぶ人たちにとってバイブル的な役割を担ってきました」と評価されている（『続高田村志』）。筆者にとっても、『高田村志』はやはり「バイブル」であった。

本書は、高田輪中の現在の景観からはじめ、輪中を「特徴づける」洪水の歴史、近代における輪中のくらしの変化、『高田風土記』にみる江戸時代の輪中の地誌、国宝も生んだ高田鍛冶の活躍、そしてキリスト教の広がりとキリシタンの弾圧について述べていく。考えてみるとこの小さな高田輪中という地域だけで、これだけ多種、多様な歴史や事象を論ずることができるのは、驚異的なことだといえる。それが筆者を魅了してやまない理由でもある。

なお、予め断っておきたいことがある。これから高田輪中の歴史や生活文化を紹介するのであるが、その特徴は何も高田輪中に限定されるものではない。例えば、「水との戦いと共存」などは、大野川中下流域で広く共通してみられる事柄である。輪中に焦点をあてた本書の性格上、高田輪中が強調されるが、周囲の地域にも似かよった歴史や生活があった。

本書で引用した資史料の多くは、現代語に改めている。必要な方は、原史料を確認していただきたい。

大分市鶴崎・高田輪中の位置

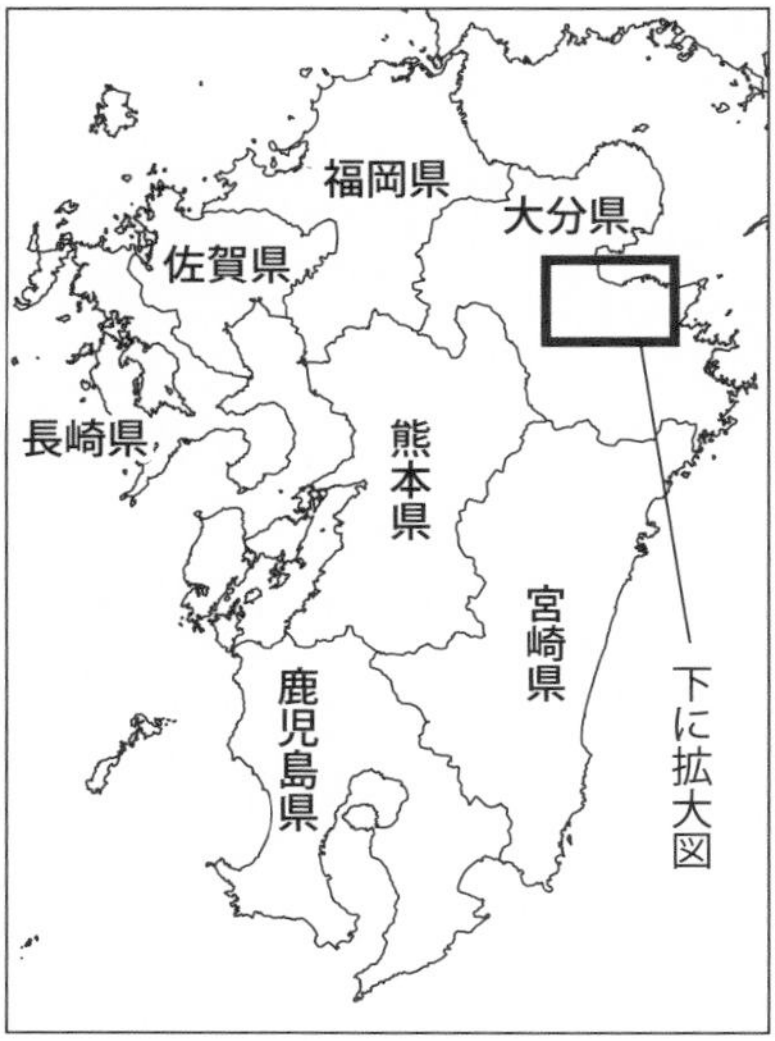

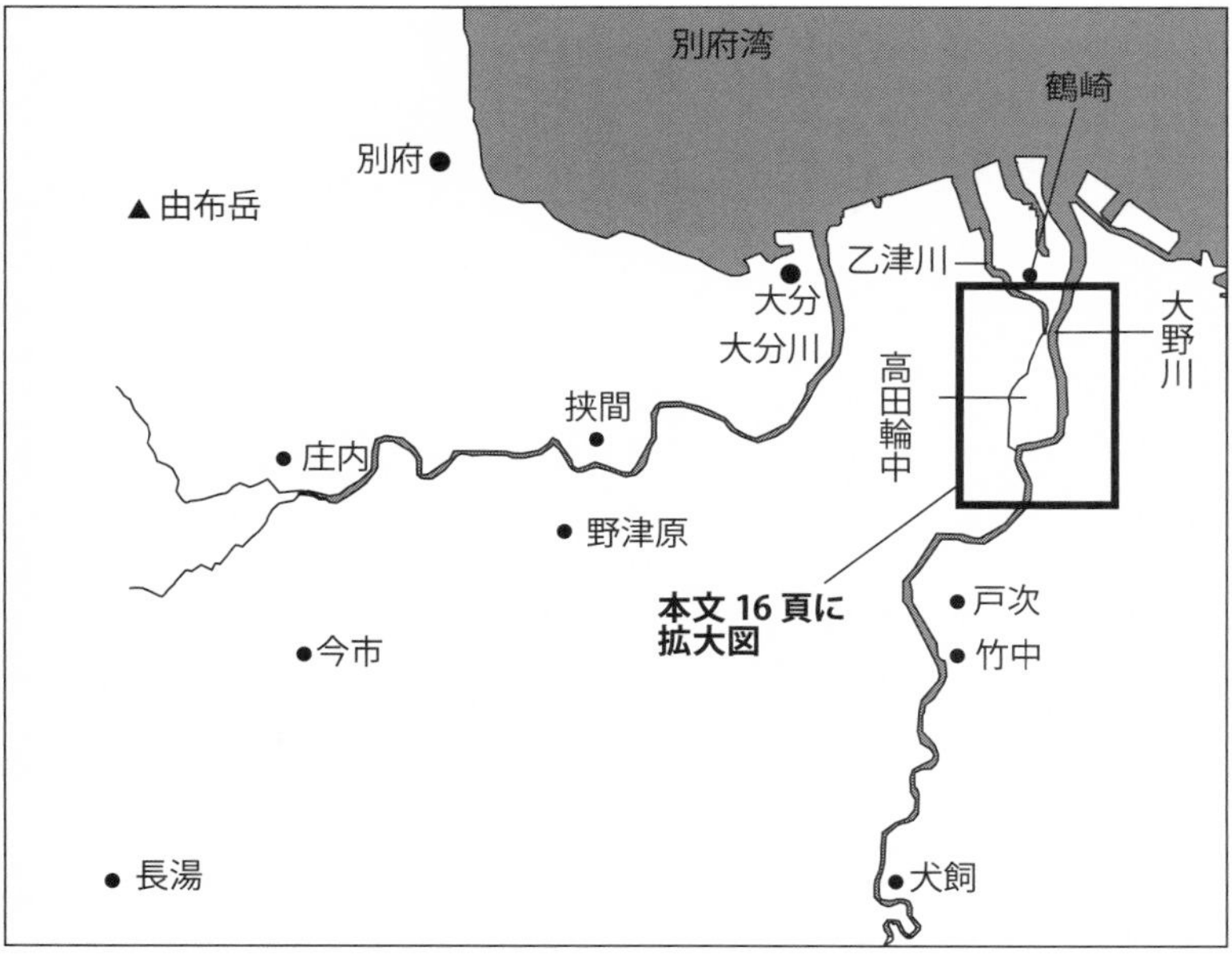

第一章　高《たか》田《た》輪《わ》中《じゅう》

多くの読者は、輪中《わじゅう》について、すでにご存知であろう。輪中としてよく知られているのは、濃尾平野のそれであろう。濃尾平野は、長良川《ながらがわ》、揖斐川《いびがわ》、それに木曽川《きそがわ》の三つの川（木曽三川《さんせん》）が形成した沖積平野で、堤防に囲まれた輪中集落が数多く存在する。しかし全国各地の輪中集落は、河川改修や都市化の波にのまれて、次第にその姿を消しつつある。消えないまでも、輪中の典型的な姿がみえなくなりつつある。輪中堤が取り除かれ、石垣の上に造られる水屋なども少なくなってきた。筑後川にも、いくつもの輪中集落がみられたが、いまはわずかにその面影を残すのみになった。そこに住んでいても、輪中だと認識していない住民も増えた。

そのような中で、大野川下流にある高田輪中は、地形図をみても衛星写真を見ても、すぐに輪中だと分かる。周囲をぐるりと堤防に囲まれた、きれいな楕円形の輪中である。楕円の長径は南北二・七キロメートルあまり。短径は東西一・四キロメートルあまりである。面積は、三・五六平方キロメートルほどである。しかしここでも、市街化がすすみ、独特な輪中の景観は薄れつつある。高田輪中は、大野川の下流域に形成された沖積低地にあるため、洪水の常襲地帯であった。しかしそこに住む人々は、様々な知恵で洪水に対処してきた。また高田輪中は、輪中としても独特の構造をもつために、独特の生活文化と歴史を携え、今日に至っている。

輪中とは何か

すでに述べたように、わが国で多くの輪中集落がみられるのは、濃尾平野である。戦後間もなく出版された尾崎乕四郎『社会科ものがたり』（文化日本社、昭和二三年）は、「堤防でかこまれた土地」

と題して、濃尾平野の輪中について平易に説明している。

ここに不思議な土地があります。それは濃尾《のうび》平野の中にある木曽《きそ》川と長良《ながら》川と揖斐《いび》川の三つの下流付近がそれです。これらの土地は、全く堤防でかこまれています。それというのは、いっぱんに川の水面より土地が低いからなのです。(中略)昔からこの地方の人たちは、堤防でかこまれた土地のことを、輪中とよんでいます。輪は堤防を指し、それにかこまれた、その中の土地という意味になります。所によっては、輪の中ともいっています。(中略)この地方では昔からあまりにも土地が低く、しめっていて、大水になると、大垣《おおがき》や岐阜《ぎふ》あたりまで、たちまち水びたしなってしまいます。それで大昔から長い間、このあたりには人が住みつかなかったようです。

輪中は、「不思議な土地」だという。それは、「水面より土地が低い」こと、そこに人が住んでいることをいっている。そして輪中とは、比較的大きな河川の下流の沖積低地(氾濫原)にあって、堤防にかこまれた集落をさしている。濃尾平野では、輪中をまた「輪の中」ともいったこともわかる。大野川下流の高田輪中について述べた『高田風土記《たかたふどき》』(文化一〇年(一八一三))には、「東西両側の大河にはさまれてたびたび洪水にみまわれるため(中略)、『塘囲の地』なり」とある。江戸時代後期、高田では輪中のことを「塘囲の地」といった。「塘囲」は、「ともがこい」または「つつみがこい」と読むのだろう。「塘」はすなわち、堤防のことである。濃尾平野の輪中もぐるりと堤防で囲まれているが、その堤防のことを「懸廻堤《かけまわりづつみ》」と呼んだ。

輪中集落のある氾濫原《はんらんげん》は、低湿地（沖積低地）で水につかりやすいため、長いあいだ人が住みつかなかった。しかし人が住みはじめて集落が形成されると、洪水を防ぐために人為的に堤防で囲みはじめる。堤防が造られると河川の流路が固定される。そうすると河川の運ぶ土砂は、流路に堆積する。すると河川の河床が上がり、河川の水位よりも輪中集落の地面の方が低くなってしまう。地面より水位の方が高い川を天井川《てんじょうがわ》という。水位が上がれば、さらに堤防を高く築いていかねばならない。これのくり返しで、輪中集落は周囲の河川より低い位置に取り残されるような形になる。

このような低湿な土地に、なぜ人は住もうとするのか？堤防を築いても、大水が出れば輪中は洪水に見舞われることになる。暮らしていくには危険すぎる、と思う。しかし洪水は、水だけではなく養分を蓄えた大量の土砂を運んでくる。肥沃な土が運ばれるといえば、あのエジプトのナイル川を想起させる。有名な「エジプトはナイルの賜《たまもの》」である。こうして、川が運んでくる肥沃な土が農業に有利であることに気づいた人びとは、集落をつくり農業を営むようになるのである。

さきほどの引用文には、「大昔から長い間、このあたりには人が住みつかなかったようです」とあったが、それでも濃尾平野の開発＝集落形成は、他地域の輪中よりもずっと早いようだ。尾崎によれば、すでに奈良時代に濃尾平野の北を通る交通路が形成されると、渡し場や宿が設けられ、ひとが住みはじめたという。そして平安時代のはじめには、現在の大垣市の南方に堤防が築かれたことを示す史料があるという。鎌倉時代から室町時代にかけては、川の中州のまわりに堤防を築いて低地を開発していった。そして江戸時代から明治になると、大垣輪中・加納輪中をはじめ、養老山地の東方に高須輪中・福東輪中・桑原輪中などが、三つの川の最下流に長島輪中などが形成される。

くり返しになるが、堤防を築いても輪中集落は、ほかの土地より洪水の危険性はずっと大きい。肥沃な土が運ばれてくるとしても、命には代えられない。しかし、輪中で暮らす人々は、その洪水の危険性を最大に減ずる知恵と方法をあみ出した。それは例えば、水屋《みずや》（土台を高くした避難小屋）であり、田舟《たぶね》（水路を利用して田んぼに行き来する小船。洪水の時は非難する船でもある）などである。しかし、このようなハード面だけではない。輪中の人びとの人的な絆は強固であったという。濃尾平野では、大水の恐れがあれば、一五歳から六〇歳までの男子は、水を防ぐために働く義務があった。またいったん洪水に見舞われたときは、貧富貴賤の別なく、助け合って暮らしを支え合った。他の輪中集落との協同や連帯も重要だった。さらに洪水に見舞われると、米の収穫は激減する。そのために輪中では、米以外の農作物を作り、さらに農業以外の手仕事（副業）も営んだ。輪中集落は、濃尾平野のほか、信濃川《しなのがわ》や利根川《とねがわ》の下流、九州では筑後川《ちくごがわ》流域にもみられた。そして差異はあっても、やはり似たような暮らしぶりがみられた。

高田輪中の位置

さて、本書でとりあげる「高田輪中」は、大野川の下流に位置する（巻頭地図参照）。大野川は、豊後と日向の国境をなす祖母《そぼ》・傾《かたむき》山系に源を発し、阿蘇《あそ》・久住《くじゅう》の山裾を流れる多くの支流を集め、北東に流れ出て大分市東部に至り別府湾に注ぐ。全長一〇七キロメートル（九州第四位）、流域面積一四六五平方キロメートル（九州第六位）におよぶ大分県下最大の河川である。上流から中流にかけては、竹田《たけた》（現竹田市）・緒方・三重《みえ》（現豊後大野市）などの盆地が位置し、これらは古くから開発

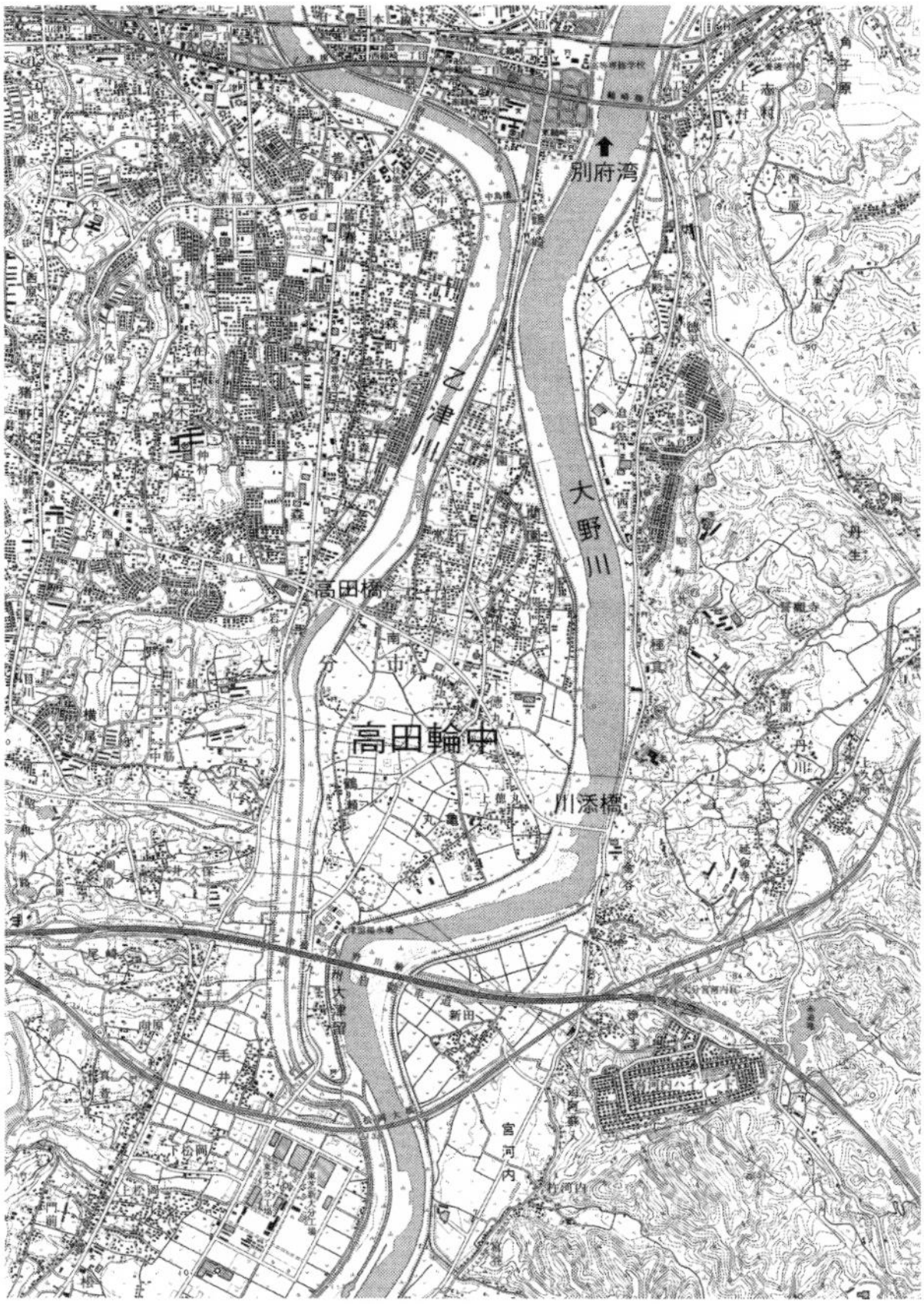

【地図１】高田輪中とその周辺（10頁に周辺図）

が進んだ地域である。

　大野川は、古くから交通路や水源として、人びとのくらしを支えてきた。大野川の下流は分流して、デルタ（三角州、中州）地帯となっている。そのデルタの一部が高田輪中である。高田輪中のさらに下流（北方）のデルタに鶴崎《つるさき》があり、この地域は市街地であり臨海工業地帯である。高田も鶴崎も、江戸時代は熊本藩領であった。熊本藩は、豊後国内に久住（現竹田市）、野津原《のつはる》、高田、関《せき》（現大分市）の四つの手永《てなが》（数十ヶ村をまとめた行政区）と鶴崎町を有していた。このうち、鶴崎町と高田、関（佐賀関）のふたつの手永は現在の大分市に含まれ、いずれも別府湾に面している（野津原町も平成の大合併で大分市に組み込まれた）。鶴崎は古くから港町であり、参勤交代の際はここか

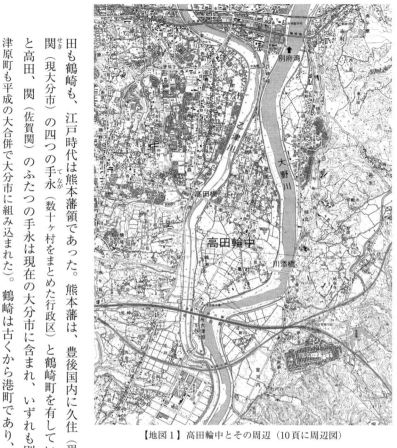

ら藩主の御座船波奈之丸《ござぶねなみなしまる》が大坂へ向けて出航し、また帰港した。そのため鶴崎には藩主が滞在する御茶屋《おちゃや》（現鶴崎小学校付近）が置かれていた。

【地図1】が、国土地理院発行の最新の縮尺二万五千分の一の地形図である（「鶴崎」の図幅から高田輪中の部分を切り取って縮小したもの）。高田輪中は、大野川とそれが分流した乙津川《おとづがわ》とにはさまれている。地図をみると輪中の西端にある高田橋と東南にある川添橋《かわぞえばし》を結ぶ、県道二一号線から北側がおもに住宅地になっており、南側半分は農地の中に集落が点在している。これはおおよそ県道二一号線を境に、南側半分が昭和四五年（一九七〇）に市街化調整区域となって、市街地化を抑制しているからである。高田輪中では濃尾平野の輪中同様、洪水の危険性を抱えた低湿地で暮らす人びとの知恵が、随所にみられる。

高田輪中の起源

高田輪中が、輪中集落として形成されるのはいつ頃だろうか。さきに濃尾平野の輪中の起源に触れたが、古くは奈良時代から人はそこに住んでいた。そして、室町時代には築堤がはじまったらしい。しかし、本格的な築堤が行われ、水田が大規模に開発されるのは江戸時代になってからである。江戸時代になって開かれた水田とそれに付随する集落を「新田集落《しんでん》」と呼ぶが、濃尾平野には「〇〇新田」という地名が、各所にみられる。江戸時代になって開かれた集落と農地である。水田は河川の後背湿地《こうはいしっち》（氾濫原《はんらんげん》の低湿地）に開かれ、集落は河川の土砂が堆積した微高地《びこうち》、いわゆる自然堤防《しぜんていぼう》上に立地することが多い。江戸時代の前半は、大開発の時代だった。

高田輪中の起源にもどろう。後述するが、高田が誇る「先哲」に紀行平《きのゆきひら》という刀匠がいるが、かれは鎌倉時代の人である。かれの鍛造した太刀は、国宝にもなっている。紀行平は、高田に住して刀を鍛えたという。後世のものではあるが、墓も高田に建てられている。ということは、鎌倉時代には高田に集落があったということになる。中世、高田輪中を含む地域は、「高田庄《たかたのしょう》」という荘園であった。弘安八年（一二八五）の「豊後国図田帳」には、高田庄について次のようにある。

高田庄弐百町

本庄百八十町

領家城興寺、地頭三浦入道殿

牧村弐十町　領家同前

地頭　御家人牧三郎惟行法師　豊前大炊助入道孫子大炊太郎能重論申

城興寺は、藤原道長の第二子教通の子九条相国信長が応徳二年（一〇八五）創建した九条堂を、藤原忠通が摂政の時、寺として再興したもので、高田荘もこの頃、同寺の寺領となったとされている。地頭三浦氏は関東の有力御家人である（吉良国光）。『高田村志』によれば、この高田荘二〇〇町というのは、「鶴崎、三佐《みさ》、桃園《ももぞの》、別保《べっぽ》、明治、日岡《ひおか》、東大分、及び北海部《きたあまべ》郡大在《おおざい》村字志村《しむら》、同郡川添《かわぞえ》村字迫《さこ》、鶴村の、一町九ヶ村に亘《わた》れる地域」であるという。即ち、今日の大分市鶴崎を中心とする大分市東部の広い範囲をさす。

しかし、高田でいつごろ築堤がはじまり、高田が堤防で囲まれた輪中集落となったかははっきりしない。本格的な築堤がはじまるのは、ここでも江戸時代になってからだと思われる。築堤以前にこの地域に本格的な防水・治水の土木工事を行ったのは、熊本藩主加藤清正であった。加藤清正は、大野川と乙津川が分流する付近に溢流堤《いつりゅうてい》を築いたと伝えられている。溢流堤は、あふれた水を遊水池に導く施設で大きな洪水を防ぐことはできないが、水害で最も恐ろしい鉄砲水の勢いを弱めるために造られたとみられる。加藤清正が築いたといわれる溢流堤は、遺構も図面も見つかってはいない。溢流堤の遺構も、昭和一〇年代の治水工事によって姿を消したという。

江戸後期の『高田風土記』に「(寛永以前は)乙津川が本川といわれ、大野川は山根を流れる小さな川だった」「寛永期以降の水害によって、大野川が本流となって新川とよばれるようになった」とある。寛永期といえば三代将軍家光の頃で、一七世紀前半である。このころまで高田付近を流れる川は奔流して、流路がたびたび変わっていた。ということは、まだ堤防によって川の流路が固定されていなかったものと思われる。その後、万治元年(一六五八)の洪水では、「鐙鼻《あぶみばな》付近の堤防が、一八〇間《けん》あまりにわたって決壊した」という。鐙鼻は、高田輪中の南端(上流側)にある。一八〇間といえば、三二〇メートル以上である。するとこの頃には、堤防の規模がかなり大きくなっていることがうかがわれる。このとき決壊した堤防は「再築」することになり、「益田弥一右衛門らが、足軽三〇〇人を率いて数ヶ月をかけ、莫大な費用をつぎ込んで完成した」。「この鐙鼻の堤防は、東から西川(乙津川)まで数百間、土中を二重、三重の割石で固め、その上から高さ三丈(九メートルあまり)ばかりの堤防を築き立てた。これを本塘という」とある。この頃には、高田輪中の堤防は、ほぼ整ったといえるのではないだろうか。つまり一七世紀の中頃には、高田は堤防で囲まれた輪中集落となった。ただし後でも述べるが、高田輪中の堤防は閉じていない。高田輪中が南北に長い楕円形だとすると、堤防は馬蹄形状に南半分だけを覆っていた。高田輪中の堤防は、戦後間もなくまで北側（下流側）が閉じていない状態だった。

高田輪中の特異な構造

【地図1】をみると、周囲を堤防に囲まれ、南北に長い楕円形をしていることが分かる。さきほど輪中とは、「堤防に囲まれ、周囲の河川の水位より低い土地・集落のことをいう」といった。ところが高田輪中は、この「定義」の例外となる輪中なのである。それは、如何なる意味か。確かに高田輪中は、河川にはさまれて堤防で周囲を囲まれていることは間違いない。しかし実は、高田輪中内の地面は、周囲の大野川や乙津川の水位よりわずかに高いのである。つまり、大野川と乙津川は天井川ではない。地形図を読むと、高田輪中の地面の標高は輪中の中央付近で海抜七メートル（高田校区公民館付近の独立標高点の数値）である。高田輪中を囲む大野川と乙津川付近は、高田輪中付近が潮汐限界点（汐の満ち干の上限）である。この付近の最上流の丸亀付近の大野川河川敷の標高は、およそ五メートルである。つまり高田輪中の地面は、周囲の河川の水位より二メートルあまり高いのである。

例えば濃尾平野の輪中集落では、堤防を高くするにつれて周囲の河川の水位が上昇する。そして輪中内部より、周囲の河川の水位の方が高くなって、河川はいわゆる天井川となる。ところが高田輪中では、洪水のたびに土砂が輪中内に堆積し、輪中内の地面が少しずつ上昇しつづけて今日に至っている。そうするとどのようなことになるのかといえば、周囲の河川より高いために河川水の利用が難しい。高田輪中は、水に囲まれていながら、水に乏しい「乏水地《ぼうすいち》」なのである。高田輪中の中には豊かな水が流れる河川はもちろん、用水路も少ない（正確には「少なかった」というべきか）。水に乏しかったため、戦後に昭和井路（用水路）が整備され初めて米が収穫された昭和三三年（一九五八）まで、水田は皆無であった。濃尾平野の輪中集落には、豊かな水田が広がっている。高田輪中は輪中集落としての特徴を共有しながら、いっぽうで地形構造の違いから、他の輪中とくらべて景観や暮らしの違いがみられた。

濃尾平野の輪中

濃尾平野を形成する大河川は、揖斐川・木曽川・長良川で、これを木曽三川《きそさんせん》という。この濃尾平野には、最も多いとき（明治の中頃）で、約八〇もの輪中集落があったという。濃尾平野の輪中の特徴は、何といっても低平なことであろう。海抜〇メートル以下というところもある。江戸時代以来、盛んに築堤が行われ、しだいに堤防が高くなった。いっぽう、これまで河川水が流入していた遊水池が輪中となって、土砂が周囲の河床に堆積したためいわゆる天井川が形成された。

このような低平地を堤防で囲んだ輪中では、主に水田が開かれた。高田輪中が畑作地であったのに対し、濃尾平野の輪中は水田地帯を形成した。しかし低平なために排水不良となり、「堀田《ほりた》」が造成された。堀田とは、水田の一部を掘りあげて土を高く積み上げ、水に浸かりにくくした田んぼである。土を掘りあげて溝になった部分は水路として整備し、農作業時に田船で行き来できるようにした。

同じ輪中内に住む人々は、生死をともにするという意識があって、住民同士の団結力が強かった。しかし他の輪中とは対立関係にあった。安全のために堤防を高くすると、他の輪中は水害の被害を受けやすくなる。そのため、他の輪中より堤防をより高くしようと競争が生じた。この点、高田輪中は他の輪中との競合はなかった。ただし高田輪中でも堤防を高く強固にすると、高田輪中の少し上流にある大津留村（旧臼杵藩領、大野川と乙津川の分流する付近）が水につかりやすくなるため、しばしば対立が生じた。

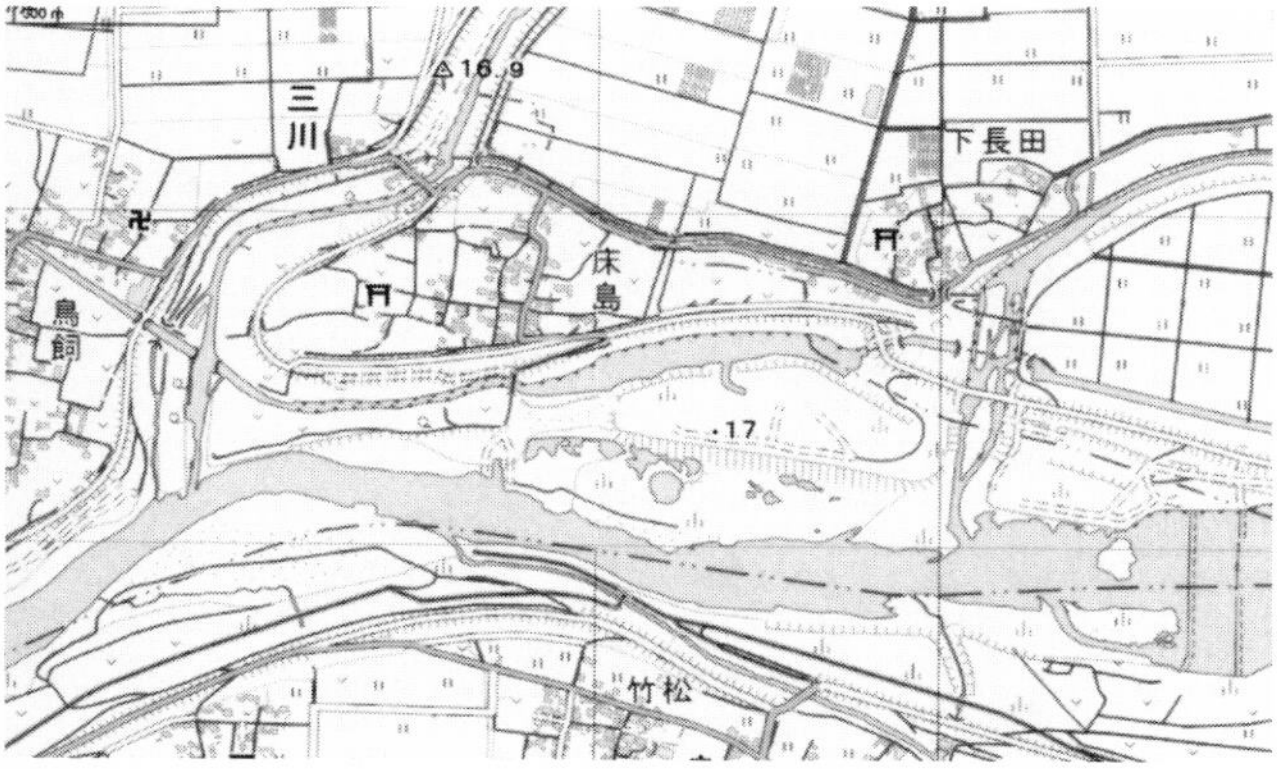

【地図２】筑後川中流の床島輪中

筑後川中流の輪中

筑後川は、坂東太郎《ばんどうたろう》（利根川）、四国三郎《しこくさぶろう》（吉野川）とならんで「筑紫次郎《つくしじろう》」とよばれる国内有数の河川である。そしてこの太郎・次郎・三郎の呼び名は、わが国有数の暴れ川に付けられた異名である。

筑後川は熊本県阿蘇郡瀬の本高原に源流を発し、高峻な山岳地帯を流下し日田市を経由して西流し、久留米市・大川市・柳川市

【写真1】床島輪中の民家

付近を流れ有明海に注ぐ。この間、数々の支流集め、流路延長一四三キロメートル（筑後川本流の源流から河口まで）、流域面積二八六〇平方キロメートルの九州最大の一級河川である。

この筑後川の中流右岸、福岡県三井《みい》郡大刀洗《たちあらい》町床島《とこしま》に輪中堤にかこまれた集落がある【地図2】。南北約三二〇メートル、東西約九八〇メートルの楕円に近い形をしている。高田輪中に比べるとかなり小さい。この集落の南側を筑後川が流れている。国土地理院のデータ（「地理院地図」）によれば、輪中の西側の標高が約一五メートル、東側が約一七メートルで、わずかに傾斜している。筑後川の水面の高さは一〇メートルほどだから、ここも高田輪中と同じく、河床から五メートルほど高い。筑後川も中流付近では、河床よりも右岸が高く、水に乏しかった地域である。現在は多くの堰がもけられ、両岸とも水田地帯となっている。この床島にも、上流から恵利堰・床島堰・佐田堰が約六〇〇メートル間隔で設けられ、右岸を潤している。この三つの堰を総称して床島堰という。この地域で、筑後川にはじめて堰が設けられたのは、江戸時代の中期である。

高田輪中との比較のために、先日（二〇一九年一〇月）、床島を訪ねてみた。するとこの輪中は、ほぼ全域が畑であった。周囲（輪中の外側）には水田が広がっている。周囲との高さの差を同じく国土地理院のデータでみると、周囲よりわずかに高いようである（一メートル程度）。先に述べたように、周囲には堰も用水路もある。従って畑を水田に転換することは、現在は技術的には問題はない。しかしここに住む人々は、畑作を続けてきた。

わずかに周囲より高いとはいえ、暴れ川である筑後川の傍らの輪中であるから、水につかりやすい。そのため、ここの家屋の多くが、やはり石垣の上にある【写真1】。また、畑の周囲を石垣で囲んだところもある。輪中の景観としては、高田のそれに似ている。ただし、石垣の高さは高田の方が高いようである。また、周囲の堤防から眺めただけであるが、水屋などは見かけなかったし、「くね」のような家屋を雑木で囲った高田輪中独特の防水林（「くね」については後述）もなかった。

こうしてみてくると高田輪中は、濃尾平野の輪中よりも、筑後川の輪中に類似しているといえる。もちろん、今回は床島しかみていないので、一般化していうことはできないかもしれない。ただ、輪中らしい景観は筑後川流域でも、しだいに姿を消しつつある。

地形図にみる高田輪中の変化

現在手元に明治三三年（一九〇〇『ふるさと松岡』所収）、大正四年（一九一五）、大正七年（一九一八）、昭和五年（一九三〇）、昭和二三年（一九四八）、昭和五五年（一九八〇）、昭和六三年（一九八八）（以上、大分県立図書館所蔵）、平成二九年（二〇一七）の八枚の地形図（戦前の地形図は帝国陸地測量部、戦後は国土地理院作成）がある。いずれの図幅も「鶴崎」で、二万五千分の一の地形図である。そのうち大正七年【地図3】と昭和五五年の地形図【地図4】を掲載した。それに加え集落の位置が大まかに分かる図もあげた【地図5】。これらの地形図を比較しながら、地形図にみる、高田輪中の変

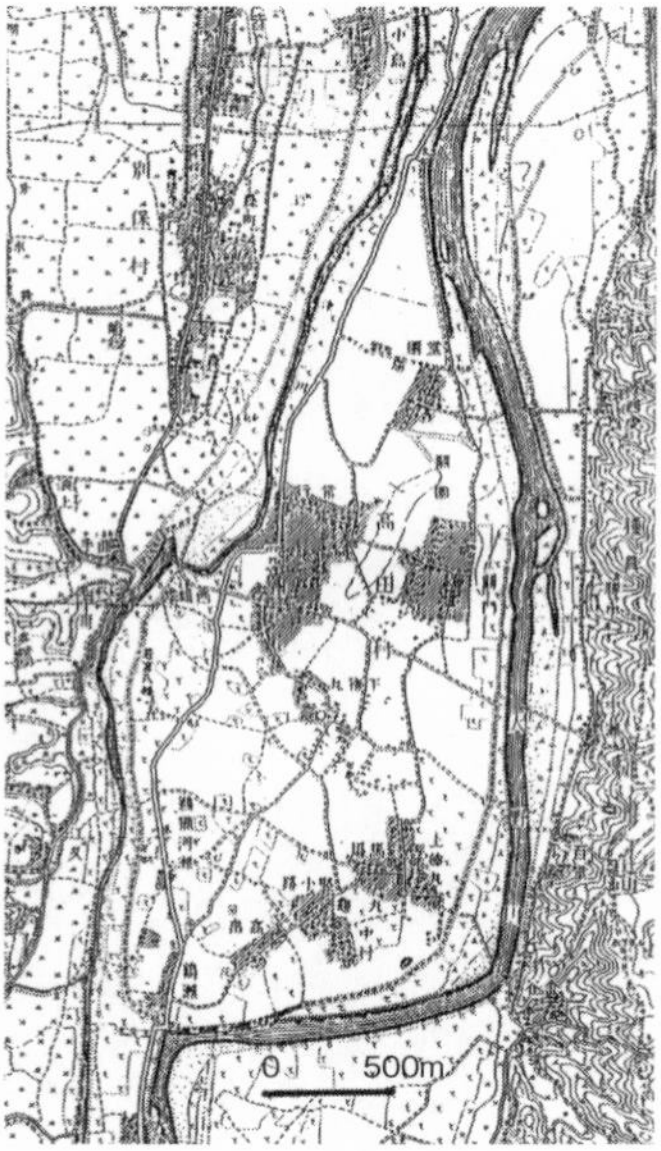

【地図３】大正７年の地形図

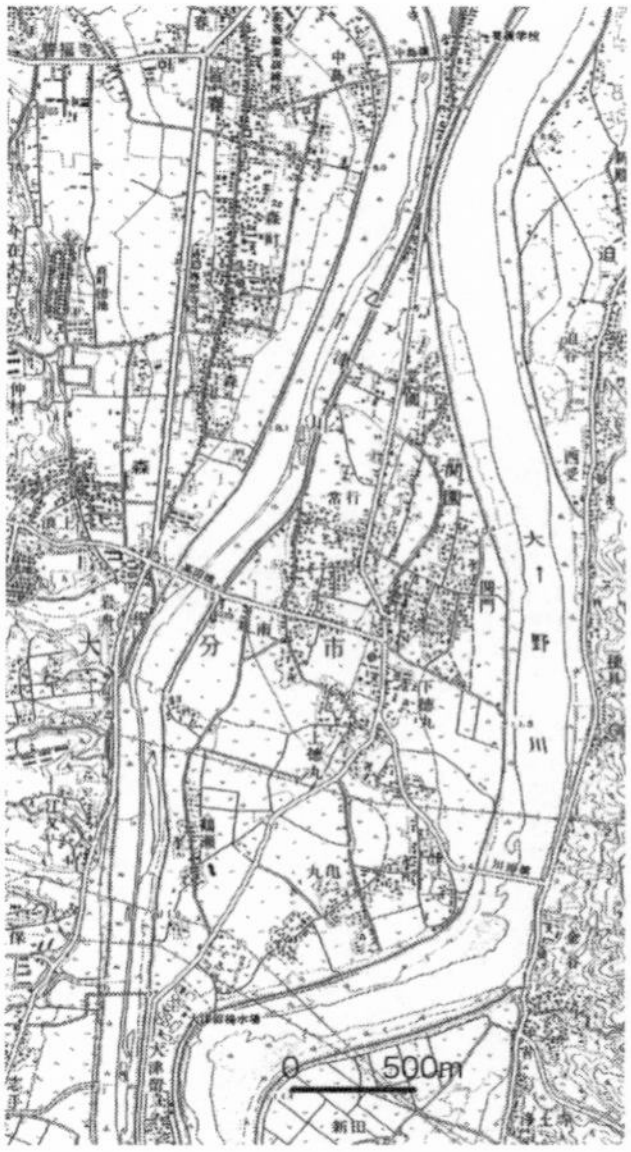

【地図４】昭和55年の地形図

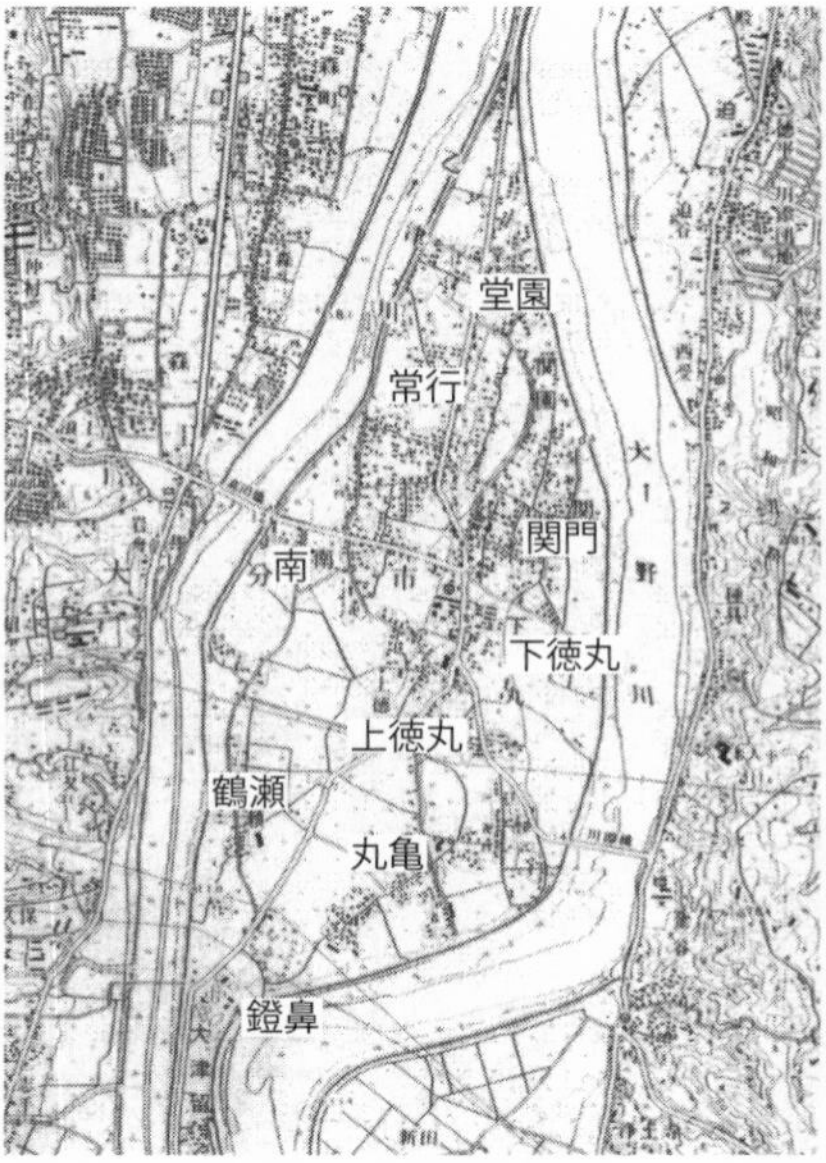

【地図５】高田輪中の集落

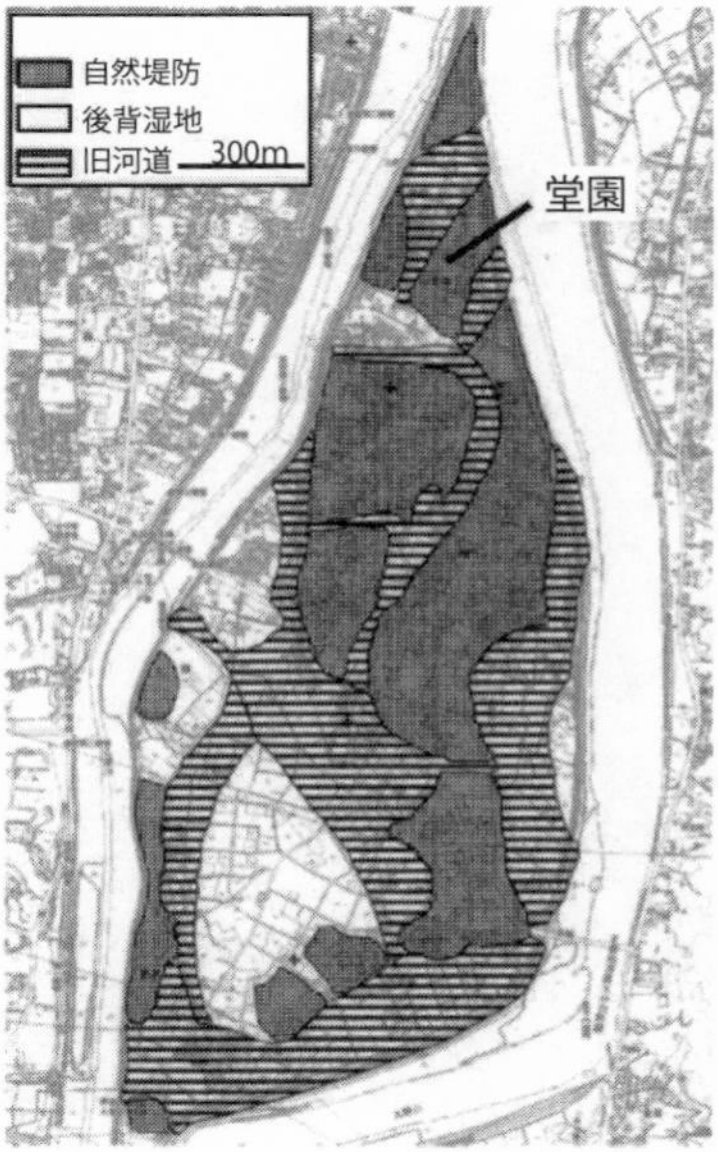

【地図６】高田輪中の微地形

化をいくつか指摘しておきたい。

まず集落の位置と規模である。【地図3】で大きな固まりとなってみえる集落は、北から堂園《どうぞの》、常行《つねゆき》、関門《せきかど》、下徳丸《しもとくまる》、上徳丸《まみとくまる》、丸亀《まるがめ》（上徳丸と亀甲をあわせた名称）などである。小規模のものとしては、鵜猟河瀬《うりょうがせ》、鶴瀬《つるせ》などがみえる。これらの集落の多くは、【地図6】をみるとおおよそ自然堤防（河川の堆積物で周囲よりわずかに高いところ）という微高地に立地していることがわかる。その高さはわずか（数十センチほど）であるが、それでも沖積低地ではわずかな微高地に家屋を構えることで、少しでも浸水を避ける。

これらの集落の固まりは、戦後の昭和二三年にいたるまで、基本的には大きな変化はない。しかし高度経済成長を経たあとの昭和五五年になると、高田輪中北部の住宅地化が急速に進む。そして昭和四五年（一九七〇）に輪中の南部が市街化調整区域に入ると、北部は住宅密集地、南部は農耕地と集落が併存していて、その景観の違いが際だつようになる。

ふたつ目に堤防の変化である。これも昭和二三年の地図までは、堤防は南側（上流部）半分で北部（下流部）には堤防はなく（東は関門から下流、西は常行から下流）、閉じていない。これも高田輪中の特徴で、洪水時は堤防が決壊しなければ、水は下流側から輪中内に入り込む。これを「尻込み《しりご》」という。これには肥沃な土を含んだ大野川の水を輪中内の耕地に引き込むことと、一旦輪中内に流れ込んだ水を水位の低下とともに下流に逃がす（排水）機能があった。昭和四八年の地形図をみると、堤防はぐるりと高田輪中全体を囲み閉じた状態になっている。

堤防の変化については、もともと輪中の堤防の外にあった大津留地区が、現在は堤防の中に入っていることも指摘しておきたい。のちに詳しく述べるように高田輪中は、熊本藩領であった。ところが、輪中の上流にあって隣接する大津留地区は、もともと臼杵藩領であった。そのため、大津留地区は高田輪中の堤防の外であった。昭和二三年の地形図では、大津留地区はまだ堤防の外（堤防より北側）にある。しかしその後、治水と洪水防止のため、大野川の溢れる水を乙津川の方へ逃がすための新しい溢流堤が、昭和三七年に建設されたとき、大津留地区の一部は堤防の中に入った（この時、堤防内に入った大津留村の一部が分村された形になった）。そのため高田輪中の堤防は、大津留地区を囲むために上流側に細長く伸びた。

三つ目に農耕地としての土地利用の変化である。もともと高田輪中は畑作地で、輪中内には水田はほぼ皆無であった。明治三三年の地図をみると、輪中の広い部分が畑で、その中に桑畑がわずかにみえはじめている。大正七年の地図【地図3】をみると桑畑が輪中の周縁地域にかなり広がっている。戦後の昭和二三年も桑畑が広がっていて、大正七年から大きな変化はみられない。桑畑は戦前、高田村だけでなく周囲の村々にも急速に広がった。そして高度経済成長（主に一九六〇年代）になると、養蚕業が衰退し多くの桑畑が消滅した。昭和五五年の地形図【地図4】では、もはや輪中内に桑畑を見つけることはできない。

さらにもうひとつ、昭和二三年の地形図では、おもな土地利用は畑と桑畑であった。しかし、昭和五五年の地形図【地図4】では、水田が広範にみられる。これは戦後、昭和井路（用水路）の建設によって、昭和三三年に高田輪中で初めて米が収穫され、その後急速に水田が広がったためである。

最後に道路についてである。大正七年の地図【地図3】では、高田輪中を南北に貫く「幹線」は、国宗から輪中内に入り、常行と鵜猟河瀬を結び大津留へ抜ける、いわば西寄りのルートであった。それが昭和五年の地形図になると、国宗からまっすぐ南に入り、常行の東側（輪中のほぼ中央）を通り現在の高田小学校の脇（ここには道を隔て役場もみられる）を通るルートになっている。現在の幹線ルートに近くなっている。そこから先は、下徳丸から上徳丸を通り、金谷の渡しへ延びている。まだ車の時代ではないから、そこから先は船で大野川の右岸に出た。また、西側（別保村側）から輪中に入る道路も整備されている。

戦後の戸数と人口の変化

高田地区全体の世帯数は、昭和四五年の五五五戸から平成二二年の二四五〇戸と四・四一倍になっている。この四・四一の倍率を上まわる集落は、関園・堂園・常行でいずれも市街化区域である。その他の集落は、すべてが市街化調整区域か一部が調整区域に入っている集落である。次に人口は、昭和四五年の二四六八人から六四九七人と二・六倍になっているが集落ごとの増加は、戸数のそれと全く同じ傾向を示している。人口の増加（二・六倍）を戸数の増加（四・四一倍）が大きく上まわるが、これは集合住宅が増加して、単婚家族世帯や単身世帯が多く移ってきたことをうかがわせる。また、鶴瀬・亀甲・上徳丸で人口が減少しているが、ここは市街化調整区域であるため、いわゆる農村型の人口動態をみせるのであろう。つまり、若者が集落から出て、次第に高齢化が進んだ結果である。実際にこの地域は、農地の中に集落が点在している。

こうしてみてくると、高田輪中では北半分の市街化区域は都市型の様相を示し、南半分は農村型の人口動態をみることができる。一つの輪中の中で、戸数と人口の変化においては、極めて対照的な動きをしていることが分かる。

第二章　輪中の「現」風景

高田輪中は木曽三川（木曽川・長良川・揖斐川）流域の輪中とは、その構造や性格が異なるが、堤防にぐるりと囲まれた、紛れもない「輪中集落」である。高田輪中は、大分市の東部に位置し、大野川とその分流である乙津川に挟まれたいわゆる中州（デルタ）である。その形状が、和楽器の琵琶の形状に似ていることから、古くは「琵琶州《びわんす》」とも呼ばれてきた。高田輪中は大野川の最下流付近で、七〜八キロメートルほども北に行けば、そこは別府湾である。

高田地区の行政区は、明治以来ながらく高田村であった。戦後、昭和二九年（一九五四）に鶴崎市に含まれ、さらに鶴崎市は昭和三八年（一九六三）に大分市と合併した。繰り返しになるが高田地区は、鶴瀬（大鶴・鵜猟河瀬）・丸亀（上徳丸・亀甲）・下徳丸・南・関園（関門・堂園）・常行の集落からなる。これらの集落と畑地は、大野川が形成した中州のうち微高地である自然堤防上に位置していた。いっぽう戦後になって開かれた水田は、低湿地である後背湿地に位置している。現在は宅地化が進み、特に高田輪中北部では農地が減少し、住宅が密集している。

さて、高田輪中の輪中集落らしい景観も、しだいに姿を消しつつある。戦後は堤防も強固に整備され、洪水の被害も少なくなった。従来は、石垣で嵩上げした上に住宅が建てられたが、近年は石垣のない住宅も多くなった。今後も輪中らしい景観は、少しずつ「風化」していくのだろう。高田輪中を歩きながら、「現」風景をみて行きたい。

防水林（水害防備林）「くね（クネ）」

高田輪中には「くね」と呼ばれる、洪水時に水勢を弱めて家や家財を守るための屋敷林がみられる。【写真2】は現在も残る「くね」である。

「くね」は、『広辞苑』では「境の垣根」とある。『大辞林』でも、「垣根、生け垣」とあって、狂言の「瓜盗人《うりぬすびと》」の台詞《せりふ》である「くねをもひきぬいてやらう」を用例として紹介している。「瓜盗人」は、瓜を盗もうと他人の畑に入った男が案山子《かかし》をみて驚いたが、案山子と知って腹を立て瓜蔓《うりづる》だけでなく「くね」も引き抜いてしまう。この場合のくねは、畑を囲む竹の垣根であった（『日本古典文学大系狂言集下』）。

さて、高田輪中の「くね」は、いわば「水害防備林」で椋《ムク》、楠《クス》、楓《カエデ》、榎《エノキ》、栴檀《センダン》などが植えられていた。また、くねの木々の間には、しなやかで根張りがよく流されにくいタケを植えたりした。大洪水の際には、この木々に登ったりつかまったりして難を逃れることもあったという。さらに綱で家財や家畜を繋いで、流されないようにしたりもした。高田輪中では、くねは屋敷の北側を中心に植えた。これは北側が大野川の下流になるため、家財などが引っかかるようにしたためである。また東西にも植えたが、南側（大野川の上流側）は日当たりを考慮して、漂流物から石垣を保護するために二、三本程度植えられていたという。

脇蘭室《わきらんしつ》は（江戸時代後期の儒学者）、文化元年（一八〇四）の洪水（八月二九日）を鶴崎で経験し、その時のことを『菡海魚談』に書き残したが、その中にこのくねについての記述がある。これは毛利《もうり》空桑《くうそう》（幕末から明治期の儒学者、勤皇家）の父毛利太玄《たいげん》（医者）からきいた、エノキ（榎）のくねについての話である。それはつぎのようなものである。

「高田輪中の農家では、昔からくねとして榎の大木を農家ごとに植えていた。近ごろ（その役割

【写真２】防水林「くね」

を忘れ）榎を薪にするために伐ったうえ、根を掘りあげて菜園にしたりして、くねのある家が珍しくなってきた。ところがこの度の洪水で、はじめて昔人の知恵、すなわち榎（くね）の役割に人々は気づいた。榎以外の雑木は根は堅固さにおいても、枝や幹の高大さにおいても榎には及ばない。水害を避けるために木によじ登り身の安全をはかるにも、牛馬を繋ぎ家財を結びつけるにも、水勢を分散させ弱めるにも、漂流を防ぐにも、榎には及ばない。このような役割を理解せず、一時の利益のために伐り去った者は、被害を被ること甚だしかった。榎（くね）は（高田輪中のような）水郷には、絶対必要な木である」と（榎は「エノキ」であるが、ここでは榎を「くね」と読ませている）。

　ここには、くねのもつ役割が余すところなく語られている。そして、大洪水が襲ってきたことで、昔のひとの知恵に気づかされたのである。脇蘭室は、特に榎の効用を強調しているが、このあとに述べるように実際には色々な木がくねとして利用されていた。

　平松学園大分短期大学園芸学科は、平成三〇年（二〇一八）に現存するくねの調査を高田地区で行った。それによれば、樹種はヤブツバキやクスノキなどの常緑樹が八種、ムクノキやエノキなどの落葉樹が四種である。これらのくねの平均の高さは約一〇メートルであった。現存するくねは、市街化調整区域である高田輪中の南部、丸亀や鶴瀬などに多い（大分短期大学）。

居久根《いぐね》と築地松《ついじまつ》

平成二三年九月一八日（東日本大震災から半年後）、NHKスペシャルで「イグネ　～屋敷林が育む田園の四季～」という番組が放映された。これをみて、宮城県の仙台平野では、屋敷林のことを「居久根《イグネ》」といい、岩手県の胆沢《いさわ》平野では同じく「エグネ」ということが分かった。高田輪中の「くね」とこの「イグネ」「エグネ」の「グネ」は、同じ語源と思われる。居久根は、「居」と「久根」にわけ、「居」は住まいを、「久根」は生け垣を意味するという。また久根は、本来は「地境」「屋敷境」の意味だといい、それが生け垣をさすようになったという（仙台平野みんなの居久根プロジェクト）。

ここで、居久根について説明しておきたい。居久根は、北関東から東北地方太平洋側、特に宮城県を中心とした地域にみられる。仙台平野では、四〇〇年にわたって守りつがれてきたという。仙台平野ではおもに、奥羽山脈の強風から家を守るために屋敷の北西側に配置される。屋敷林には、スギ、ケヤキ、ハンノキ、クロマツの四種の高木を植える。これらは、二〇メートル以上に達する。居久根には鳥が集まってくるため、鳥が糞とともに落とすタネで生えた中低木の木も多いという。

居久根には、つぎのような効用・役割がある。①防ぐ（暴風、防雪、防砂、防潮、防塵、防火、防犯、洪水対策）、②住みやすくする（夏は気温を下げ、冬は冷たい季節風を防ぎ、日溜まりの中庭は暖かい）、③資材として利用（燃料、肥料、用材、果実の採取）、④目印と物差しの役割（隣家との境界、大きさによって家の歴史を判断する時間指標）。これらの役割の中で、①の「防潮」「洪水対策」に注目したい。仙台平野の居久根の多くは若林区に多くみられるが、これは東日本大震災の際、津波の水勢を抑制する働き（防潮）をしたという。つまり、洪水の被害を弱める役割、いいかえれば「減災」の機能を持っているのである。これは、まさに高田輪中のくねと同じ機能である。

同じような水勢を抑制する機能を持った屋敷林として、出雲《いずも》平野の「築地松《ついじまつ》」もある。出雲平野では、屋敷の北側と西側にきれいに刈り込んだクロマツの屋敷林がみられる。これが、築地松である。いつから築地松がみられるようになったかはよく分からないらしいが、出雲平野を流れる斐伊《ひい》川《がわ》の洪水被害を減殺するために造られるようになったという。斐伊川の氾濫にそなえ、浸水を防ぐため屋敷地をかさ上げし、周囲に築地（土居）を築いた。さらにその築地を固めるために水に強い樹木や竹を植えたのが、築地松のはじまりという。当初は、クロマツ以外の樹木も多かった。しかし、クロマツは痩せた土でも根の張りが良く強風にも強いため、次第にクロマツが築地に植えられるようなった。一般に屋敷林といえば、防風林の役目をはじめに思い浮かべるが、水を防ぐための屋敷林が、日本の各地にあることがわかる。高田輪中の「くね」も、そのひとつである。

水勢を弱めるサブタ

丸亀地区には、「サブタ」という独特の水防施設がある。「サブタ」は、漢字では「差蓋」と書くらしい。「サシフタ」が「サブタ」に転訛したようだ。「サブタ」という用語は、水田に用水路から水を引くとき、水の取り入れ口にさして、田に入る水の量を調整する板も「サブタ」といっていた。ここのサブタは、洪水時に水が集落内に流れ込むのを防ぐための堰板である。サブタは、幅約三メートルの道路に板をはめ込むための溝を道路の両側に縦に掘り込んでいる【写真3】。洪水時には、この溝に板をはめ込んで（板を溝に差し込むので「差蓋」）水の流れを遮る。こうすることによって、集落への水の侵入を抑えることが出来る。

「サブタ」の機能は、水を遮るばかりではない。「サブタ」に遮られた水は、周囲の畑に流れ込み広がるようになっている。こうして、養分を含んだ土が畑に流れ込み、肥沃な土が堆積するようにするのである。現在は、板をはめ込む溝は、道路の基底から三〇センチ程しかみられない。これは高田輪中の基底面自体が、度重なる洪水で土砂が堆積し上昇しているためである。もとは一メートル以上の溝が刻まれていたのだという。

【写真3】サブタを差し込むための切込み

肥沃な土の流入と畑作が盛んなことについては、地元の研究誌に次のようにある。「『高田村志』には、『増水するときは濁流溢れて徐々に下流より押し上がる常とす』とあり、氾濫ごとに起こる静かな逆流は、上流から運んできた土を、高田輪中に堆積したのです。堤防に限られて寸尺の拡大発展の余地もなかった輪中内の人々は、この沃土を基盤として畑作農業を中心生業とし、併せて野菜販売、鎌鍛冶と入鎌業、あるいは日雇いかせぎなどに従事してきたのです」と（『研究小報第一一集』）。

非常食のひやき（火焼き）

「ひやき」は「風景」ではないが、紹介しておきたい。「ひやき」は、洪水時の非常食である。小麦粉と少量の塩を混ぜ水でといて、さらにこねて薄く焼く。竈に大きな鉄鍋をかけて、油を引いて焼きあげる。いまで一般にいう、「おやき」である。塩や水の割合、焼き方には個人差があるが、保存食であるから塩分が多く薄く堅く焼いた。長期間の保存に耐えうるよう、極力水分を除いた。塩でなく黒砂糖を混ぜてのばしたものは、贅沢な「ひやき」だった。高田輪中では、雨が続くと家々でひやき作りがはじまる。非常時に備えるためである。大雨が降ると高田の周辺の村では、「高田がひやきをやきはじめるぞ」とささやいたという。【写真4】は、筆者が勤務校で顧問を務める郷土史研究部で、部員の祖母（ひやきをご存じだった）が試作（再現）してくださったひやきである。作って頂いたひやきは、塩味であった。食べてみると、なかなか美味であった。

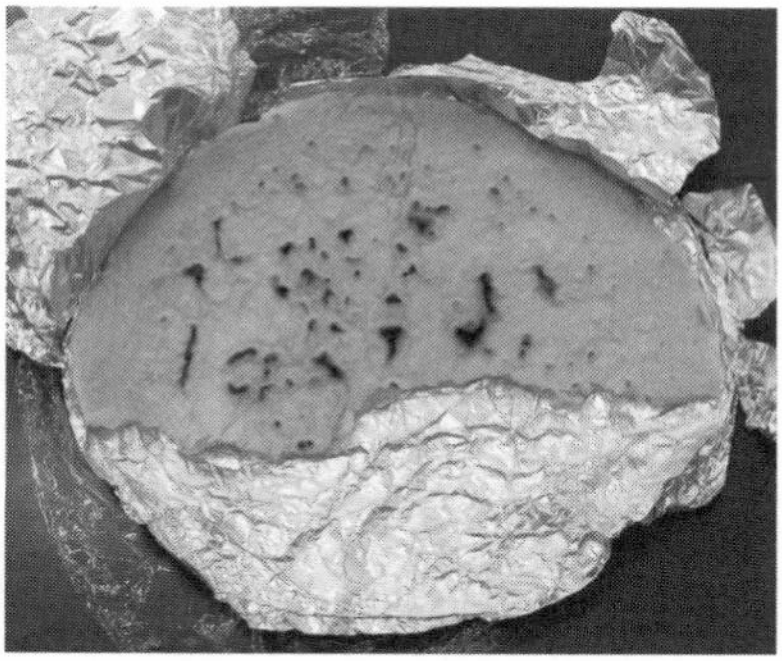

【写真4】非常食のひやき

水屋のある家では、ひやきを水屋に備蓄していた。また、洪水が起こりそうな雨の降り様をみて、慌てて焼いたりしたという。高田ばかりでなく、大分市の各地でおやきのことをひやきといったらしい。現在も非常食に乾パンを用いるが、高田輪中ではひやきであった。

輪中の家屋（母屋）

高田輪中の母屋は、石垣を積んで高くした土地に建てる。石垣の高さは様々だが、おおむね一メートルを超えている。ここ高田輪中では、以前土砂が堆積して土地の基底が昔より徐々に高くなってきたから、以前

【写真５】輪中の家屋（首藤家）

はもっと石垣は高かったと思われる。また母屋の一階では、極力壁を設けない。壁を設けると、洪水時には壁が水の抵抗を受けて、家全体が流される。だから一階は開放的に造り、水の抵抗を受けないようにして家屋の流失を防ぐのである。洪水になれば、襖や障子を取り外し、雨戸を開けた。また、一階から二階へ通じる階段は、幅を広く取る。こうすることで、洪水時の階上への避難や家財の移動の便を図る。洪水時に家財や食料、布団などを二階に挙げたり、水屋や納屋に移したりすることを高田輪中では「水仕舞《みずじまい》」といった。また堤防に上がって、川の状況や水位を確認することを「水見《みずみ》」といった。

常行の首藤家住宅の母屋は、大黒柱上部にある棟札によれば、安政四年（一八五七）、首藤家七代首藤次郎兵衛道英によって建てられた。首藤家は高田手永有数の豪農（常行村庄屋で地主）で、約四〇町歩の土地を所有していたという。現在は母屋を残すのみであるが、往時は近くの日蓮宗常仙寺の大屋根と並ぶ規模の屋敷でひときわ目立っていたという。現在の屋敷地は、南北一九間（約三四・五メートル）・東西二七間（約四九メートル）と広く、母屋前の道路より約二メートル嵩上げして宅地が造成されている。さらに母屋は、四段積まれた石段の上に建てられている【写真5】。母屋前の道路面は、土砂の堆積によって徐々に高くなっていった。旧路面の高さは、もとは現在の路面より二メートルほど低かったという。そのため現在の首藤家住宅を建てるとき、宅地全体を嵩上げする工事を行ったという。母屋の建築費と宅地造成の費用が、同額であったと伝えられている。母屋の大きさは、庇《ひさし》も含め、桁行《けたゆき》七間（約一二・七メートル）、梁行《はりゆき》八間半（約一五・五メートル）の入母屋造二階建てである。首藤家の母屋は、床上浸水時に水勢をせき止めないよう（水の抵抗を受けないように）、一階の壁を少なくしていたという（『研究小報第一二集』）。

輪中の水屋《みずや》

輪中集落には、高く築いた石垣（これを「水塚《みづか》」という）の上に土蔵（倉）を設けることが多い。これを一般に「水屋《みずや》」という。高田輪中では、水屋のことを「水倉」または単に「倉」（「蔵」）といった。「倉」は文字通り、白壁の漆喰《しっくい》の土蔵であった。漆喰で土蔵を造ったのは、丈夫に造ることのほかに火災にも強かったからである。高田では通常、一～二メートル石を積み上げて、その上に母屋を建てる。水屋（倉）はさらに高く石を積み上げて建てられた。【写真6】は、丸亀地区にある水屋である（左側の白壁の倉）。この建物は、昭和一八年（一九四三）の水害痕跡表示家屋でもある。

【写真６】輪中の水屋

水屋（倉）はすなわち、避難小屋である。水屋の石垣は、母屋よりさらに一段高い。しかも避難小屋が流れては用をなさないから、母屋以上に石垣を強固に造る。水屋には、さきに紹介した非常食の「ひやき」や水、数日間過ごすための生活必需品、さらには貴重品をおさめた。昔は小船を収納したり、水屋の軒下につるしたり（これを「あげ船」ともいう地域もある）していたという（『続高田村志』）。

二〇〇一年（平成一三）の調査では、二〇棟の「倉」が確認されている。二〇棟は、堂園・常行に五棟、徳丸に四棟、丸亀に一一棟である（吉良明子）。丸亀に倉が多く残されているのは、ここが市街化調整区域で、急速な市街地化が制限されているからである。

輪中の石垣住居

高田輪中を歩くとき、もっとも輪中らしいと思うのが、その見事な石垣群である。【写真7上下】は、常行地区の風景である。古い宅地は、現在も石垣の上に母屋や蔵が建っている。このような住居を石垣住居ともいう。しかし、このような住居も少しずつ減少しつつある。近年、新しく建てられた住宅は、石垣で嵩上げしないものも増えた。

【写真７】常行地区の石垣住居

石垣といえば、すぐに城の石垣を思い浮かべる。日本の近世城郭の石垣もまた立派で、どこの城の石垣も見ごたえがある。城の石垣はいうまでもなく、防御のためのものであるから、敵を寄せ付けない強さが感じられる。しかし高田輪中の石垣は、住居を水から守る、生活のための石垣であるから、何か穏やかさを感じさせる。大野川の河原から採取した丸い石を使っている石垣が多いことも、柔らかさを感じさせる要因かもしれない。

石垣はまず、基礎部分を数十センチメートル掘り下げて、一番下の石は地中に埋めている。精巧な石組みの石垣、長く長方形に加工した石をたて横に組みあげて、流されないような丈夫な石垣を造った。一軒の家を造るのに、石垣を築き嵩上げをするから、基礎にかかる費用だけでも膨大である。場合によっては母屋の費用を上まわることもある。そのため石垣の高さが、その家主の経済力を如実に示していた。

石垣住居がよく残っているのは、常行、関門【写真8上】、それに丸亀（上徳丸から亀甲）【写真8下】などの地区である。「残っている」と書いたが、戦前の地図をみるとこの三か所に家屋が密集し、比較的大きな集落が形成されていることがわかる。ところで不思議なことに、輪中集落を特徴づけるこの石垣が、いつどのようにして現在のような景観に至ったか、よく分からないのである。もちろんここに人が住みはじめてから、徐々に石垣が築かれていったのだろうから、「いつ」は特定困難だろうか。しかし、石材がどこから運ばれ、どのようにして石垣が築造されたかの記録も、ほぼ皆無である。ただいくつかの口伝はあり、推測も可能ではある。

【写真8】上は関門地区、下は丸亀地区の石垣

石垣の石材

石垣の材料は、大まかに分けて三種類である。ひとつは佐賀関で採取される扁平な緑色片岩である。二つめは川原などから採取した丸い自然石。それに溶結凝灰岩（阿蘇山の噴出物）の切石（成形したもの）である。

このうち佐賀関の緑色片岩は、佐賀関周辺特産の石材で、地元では俗に「緑石《みどりいし》」と呼ばれているように文字通り緑色をしていて、薄く割れる性質の岩石である。古くは海部《あまべ》地域の首長墓ともいわれる亀塚古墳（現大分市、大分県最大の前方後円墳）の石棺などにも使われている。熊本藩高田手永二四ヶ村を管轄する高田会所の石垣は、この緑色片岩が用いられ、高さも二メートルを超える立派な石垣である【写真9】。ただし高田輪中の中で、高田手永会所以外でこの石を多数用いた石垣はほかにはない。

石垣には、丸い形をした自然石も多く使われている。量的にはいちばん多いと思われる。大きさは様々であるが、直径二〇センチくらいのものから、大きなものになると五〇～六〇センチくらいのものもある。この河原石は自然石であるが、実は高田輪中周辺の大野川下流域にはほとんどみられない。海に近い下流域は、砂利や砂が多い。地元で「ゴロ石」などと呼ばれているこの自然石は、「犬飼の近くまで行って拾って運んで来た」という（聞き取り調査による）。

切石で使われている石材は、阿蘇山が噴出した溶結凝灰岩である。溶結凝灰岩は火山灰が堆積してできた石で、比較的やわらかく加工しやすい。阿蘇の溶結凝灰岩は、大分市以南に広く分布していて、とくに臼杵地方に多く分布するので「臼杵石」などと呼ぶ地域もある。あの国宝臼杵石仏も、この石を彫りだして造っている。高田輪中に比較的近い溶結凝灰岩の産地に旧臼杵藩領吉野（現大分市）がある。高田から吉野までの距離は、約二〇キロメートルである。聞き取りによれば、戦後も高度経済成長期までは、切石は吉野地区から持ってきたという。吉野地区から大野川まで石が運ばれ、船で高田輪中まで運ばれた。石垣を積むための「間知石《けんちいし》」が、コンクリート製の「間知ブロック」にかわるまでは、吉野の凝灰岩がさかんに切り出されていた。高度経済成長まで切石の生産は、吉野地区の重要な産業であった。筆者も数年前、吉野地区を訪ねたが、石切場のあととみられる場所が何か所もあった。

第五章で詳しく取りあげる『高田風土記』をみても、高田輪中のなかに石工《いしく》はほとんどいない。石工はどこから来ていたのであろうか。高田輪中から大野川を二〇キロメートル上流にさかのぼっ

【写真９】佐賀関結晶片岩
（おおいたデジタルアーカイブ）

【写真10】高田手永会所跡の石垣

た竹中村一帯は、熊本藩高田手永に属する村落であった。この付近は山と谷で平地があまりなく、田畑以外で生活の糧を得なければならなかった。江戸後期の豊後国三手永の「惣産物調帳」には、この地域の鳥栖《とりす》・花香《はなが》・岩屋金《いわやがね》には石工や杣《そま》・木挽《こびき》がいて、これが農業以外の「余産」であった（蓑田勝彦）。推定の域を出ないが、この地域や吉野など大野川流域の石工たちが石を切り出し、大野川を行き来しながら高田輪中の石垣を造ったのではないのだろうか。

石垣の造形美と石積みのパターン

ここで、石垣が比較的高密度でみられる、丸亀、常行、関門の三つの地区の石垣をみながら、石積みのいくつかのパターンをみてみたい。

丸亀にある水塚と水屋（蔵）は、すでに紹介した。この水屋には、昭和一八年（一九四三）の大洪水の際の水位の痕跡も残されていている。この水屋の石垣をみると、切石をパズルのように組み合わせた緻密な石垣である【写真11-1】。石と石の隙間は寸分もなく、紙も差し込めないような緻密さである。【写真11-2】は、丸亀にある能仁寺の石垣であるが、高さはそれほど無いものの、玉石だけで造られている。【写真11-3】は、同じく丸亀の閼伽池近くにある石垣住居である。石垣の高さは三メートルほどあって、高田輪中全体でも最も高い石垣の一つである。特徴的なのは石垣の上の建物は蔵のようで、しかも蔵の床下の空間は、屋外へと連続している。道路側から直接荷揚げができる仕組みである。【写真11-4】は、高田手永会所跡の石垣である。佐賀関の通称緑石の乱積であるが、変化に富んでいて風格がある。高さも二メートルを超えている。

【写真11-1】石垣の造形美①

【写真11-2】石垣の造形美②

【写真11-3】石垣の造形美③

【写真11-4】石垣の造形美④

【写真11-5】石垣の造形美⑤

【写真11-6】石垣の造形美⑥

【写真11-7】石垣の造形美⑦

【写真11-8】石垣の造形美⑧

【写真11-5】は、常行の旧家の大きい門構えである。強固な石垣の上に建物が据えられている。ぽっかり空いた門の入り口の坂は、奥に向かって急な勾配で昇っていて、母屋はかなり嵩上げして建てられている。【写真11-6】は同じ旧家の立派な石垣である。玉石の石垣の上に切石を横積みにし、さらに生け垣を巡らせる。常行地区のなかでも、特に風格がある石垣である。【写真11-7】は常仙寺（常行）近くの石垣で、これもまた人の背丈より高い立派な石垣である。玉石の石垣の間には、切石を縦に積んで補強している。【写真11-8】は、関門地区の石垣住居であるが、右側の道路よりも、住宅のある左が側が、かなり高いことがわかる。

これまで高田輪中内のさまざまな石垣をみてきたが、石積みの形態、パターンは概ね次の六通りに分けられる。①緑石乱積：形、大きさの違う佐賀関の緑石（緑色片岩）をうまく組み合わせて積み上げる。②玉石乱積：大きさの違う大野川の河原石（玉石）を積み上げる。③玉石乱積＋切石縦積：玉石乱積を切石の縦積で補強するもの。④玉石乱積＋切石横積：玉石の乱積の上に切石を横に積み並べ補強するもの。⑤玉石乱積＋切石縦横積：玉石乱積をさらに切石の縦横積で補強するもの。⑥切合わせ積：切石をすき間なく精緻に組み合わせるものである。

堤防（輪中堤）

先にも述べたように、高田輪中は楕円形をしていて南北約二・七キロメートル、東西約一・四キロメートルである。これから計算すると、輪中を囲む堤防の総延長は、およそ六・六キロメートルほどになる。国土地理院の地形図で見ると堤防上でもっとも高いところは、川添橋の袂で一四メー

【写真12】堤防（輪中堤）

トルである。大野川の河川敷の高さが五メートルほどだから、単純に引けば堤防の高さは、最も高いところで大野の水面から一〇メートル近くになる。

高田輪中の北端、大野川と乙津川が最も接近するところがある。ここの地点の道路を通過するときは、左右に堤防がみえる【写真12上】（【写真】の右側が乙津川の堤防。車のあたりが道路で、その左手にみえるのが大野川の堤防）。地図で計測すると、この地点の堤防の間隔は、七〇メートル足らずである。ちょうど鶴の首のように細くなっている。従って、堤防は完全に閉じていないわけだが、ここさえ堤防から堤防に移れば、堤防を歩いて輪中を一周できることになる。

【写真12下】は、鐙鼻付近の堤防である（大野川の手前が堤防。奥に見える橋梁は東九州自動車道）。ここは高田輪中の南端付近で、大野川が鐙のようにL字に曲り、大野川の水流の圧力を最も受けるところである。大規模な洪水被害は、いつもここの堤防が決壊したときにおこる。そのため、鐙鼻付近の堤防は高さはもちろん、幅もかなり広い。

水害痕跡表示家屋

第三章でも詳しく述べるが、太平洋戦争中におきた昭和一八年（一九四三）の大洪水は、惨状を窮めた。そして大洪水としては、最も記憶に新しいものである。そのため輪中内には、このときの洪水の水位を表示した「水害痕跡表示家屋」が、二棟残されている。

水害痕跡表示家屋の一つは、さきに水塚と切石の石垣の例として紹介した丸亀にある倉（水屋）である【写真13-1】。ここは高田輪中の南東の角にあたり、洪水のとき決壊した鐙鼻にも近い。建物の壁のほぼ中央付近に水位の表示がみえるが、地面から二・四メートルである。

もうひとつの表示家屋は、高田輪中のほぼ中央の関門にある。【写真13-2】を見ると、水位は二階の窓にまで達していることがわかる。水位の表示板には、「昭和一八年九月二〇日（一九四三年）大水害の水位　大野川水害対策期成会」とある。

昭和一八年の洪水は、高田輪中だけの被害にとどまらなかった。大分県下各地で被害が出たのだが、大野川流域での被害が特に大きかった。そのため高田輪中の周辺にも、この時の水位を表示する家屋その他がある。表示家屋のひとつは、鶴崎にある北川園（老舗の茶舗）である【写真13-3】（一方通行の標識付近にある、飾り屋根のところが水位）。鶴崎であるから、高田輪中の少し下流側になる。ここでは水位の表示のほかに、「大水害の記録　昭和一八年（一九四三年）九月二〇日、鶴崎地域は大野川の堤防決壊により大水害におそわれました。その時の推定最高水位は六・六二m、現在の市道標高（東鶴崎三丁目一番一号の地点）より二・九二mも高い濁流が押し寄せ多大な被害を受けました。

【写真13-3】水害痕跡表示家屋③

【写真13-1】水害痕跡表示家屋①

【写真13-2】水害痕跡表示家屋②

また、その翌々年昭和二〇年にも大水害が発生しました」と書いたプレートも店舗の角に設置されている。

もうひとつが関園から大野川を挟んで対岸、大野川の右岸にある金谷《かなや》天満宮である。樹木と重なってみえにくいが、赤い鳥居の横に水位を表示する鉄柱が立っている。赤い鳥居の上部まで水位が上昇した。こうしてみてくると、昭和一八年の水害は、この地域の人々にとって「特別な記憶」として刻まれた事が分かる。

高田会所跡と良聞居《りょうぶんきょ》

上徳丸に高田会所跡がある。佐賀関の緑色片岩が丁寧に積まれた、美しい石垣が残されている。高さも約二メートルあり、立派な石垣である（四五頁の【写真10】）。会所跡の敷地は、かなり広かったようだが、石垣は北西側の角が部分的に残っている状態である。

この上徳丸の高田会所にあった建物が、移築されて別府市に残されている【写真14】。現在は良《りょう》聞居《ぶんきょ》（高浜虚子命名）という名称で、別府市の歯科医秋吉収《おさむ》氏の私宅として保存されている。昭和初期の高田会所の写真と比べると、外見はほぼそのままである。移築されてはいるが、熊本藩の手永会所の建物としては、現存しているものはこれが唯一だと思われる。ただし、この建物が岡松家の私宅で役宅が別にあったのか、私宅と役宅を兼ねていたものなのかなどの詳細は分からない。

この良聞居には、棟札が残されている。棟札によれば、良聞居は文久二年（一八六二）に建てられた（すでに築後一五〇年以上たっている）。施主は、岡松家（高田手永惣庄屋）第八代岡松俊助である

（岡松家については後述）。さらに棟札には、棟梁仲摩作太郎以下大工、左官、石工、瓦師など工事関係者四九名全員の名前が記されている。工事関係者が住する村名の記載もあり、それをみると道園（堂園）・寺司・国宗・迫・大在・冬田・鵜猟河瀬・岡原・神崎・小池・森町・松岡・横尾・毛井・亀甲・鶴・常行などの村名がある。このうち、堂園・寺司・国宗・迫・冬田・鵜猟河瀬・神崎・亀甲・鶴・常行は、高田輪中を含む、高田手永の諸村である。また、大在・神崎は、熊本藩の関手永の村。小池・岡原・森町・松岡・横尾・毛井は、他藩領または幕領であるが、近隣の村々である。

【写真14】別府市の良聞居

これらの村名をみるとき、高田手永を中心に近隣村々の職人たちの総力をあげて建設していることがわかる。さらに棟札には、「柱木　日州　延岡愛吉」とあり、柱などの木材は日向国延岡産である。

良聞居には、北斗七星を透かし彫りにした珍しい欄間がある【写真15】。正確に言うと、北斗七星の他に天理（四星）、三公（三星）、相（一星）も彫られている。これは中国で広まった星座の見方で、北極星の周辺の星座（紫微垣《しびえん》）をあらわしている。隣の部屋に灯りをともして手前の部屋を暗くすると、天井に星座を映し出す趣向ではなかったかといわれる。現代風にいえば、プラネタリウムのようなものであろうか。さらに北斗七星のα星とβ星の延長は天井裏であり、北極星の位置に棟札が置かれていた。棟札に書かれた祭神（主神）は、豊玉珠屋《とよたまたまや》神《かみ》（木霊神で建築の神様）で、この神が動かざる北極星にあたる。こう

【写真15】北斗七星の欄間

して屋内に北極星を中心にした宇宙をあらわし、同時に家屋の安全と家の繁栄を願ったものであろう。

明治維新後、岡松家は高田を出る。岡松俊助の弟である岡松甕谷《おうこく》(子孫は「ようこく」といい慣わしている)は、江戸幕府の昌平黌教授、東京大学教授を歴任した。その後、岡松家の家屋敷の所有者は転々とした。常行村の首藤家(横萬を創業した首藤家)も一時所有していたという。昭和一二年(一九三七)になって、別府の旅館業者が購入し門・塀・灯籠ともども別府に移築された。そして終戦直後、現在の秋吉家の所有となった。良聞居という名称は、秋吉収氏の祖父である秋吉良文氏(医師で俳人)と親交が深かった高浜虚子が、良文氏の俳号「良聞」をとって命名したものである。高浜虚子は、たびたびこの良聞居を訪れたという。良聞居の庭には、鎌倉の虚子の旧宅にあった椿の実から生やした薮椿の木がある。秋吉家では「虚子庵椿」とよんでいる(秋吉収)。

閼《あ》伽《か》池《いけ》

丸亀に閼伽池という池がある。すでに述べたように、高田輪中は大野川や乙津川の水面より若干高いため、乏水地となっている。従って、河川も湖沼もほとんどみられない。旧河道が水路(小河川)として残ってはいるが、これらも普段はほとんど流水はなく、むしろ排水路として機能している。今でこそ水田があるが、昭和井路が整備される以前は、水を湛えた閼伽池は高田輪中では「特異な景観」として映ったに違いない。閼伽池は、高田輪中で唯一であるが、なぜここだけに水が溜まっているのかは不明である。閼伽池の下には、部分的に岩盤または粘土層などの不透水層があるのかもしれない。

常行神社の社僧（江戸時代までは神仏習合であり、神社にも堂宇があり僧侶がいた）であったといわれる秀栄（寛政一〇年没）が書き残した「高田めぐり」に閼伽池が出てくる。「高田めぐり」は、高田とその周辺の天神二五社めぐりを書いたものだが、名所や旧跡も紹介している。それによれば、閼伽池はのちに南村に遷座した若宮八幡の跡地の傍らにあって、「この池冷水に浸れば、汗疹《あせも》なども治ると聞いている」とある。

また『高田風土記』では亀甲村の項に「村内通路の南に池あり、あか池という。およそ二反余りの水溜なり、また北に並んで蛇池という堀」がある、という。閼伽池は確かにあるが、蛇池という「堀」が今もあるのかは分からない。

さらに『高田村志』にも、「高田風土記によれば、大きい池を閼伽池、小さい方を蛇池と呼んでいた。しかし今日、両者を区別する者はなく、蛇池の呼称はなくなりあわせて閼伽池と呼んでいるという。池の広さも、高田風土記に書かれている広さより縮小しているようである。もともとここには、南村に移転した若宮八幡があった。馬場という地名も残っているが、これはその名残である。当時の神社は、神仏習合であったから、若宮八幡にも明護院という真言宗の僧房があり、修験僧が社僧として奉仕していた。朝に夕に閼伽をこの池で汲み、神前に供していた。これが閼伽池の名のおこりである。案ずるに閼伽とは梵語であって、本来仏に手向ける水の呼び名であるが、神仏習合であったから、ここの水を神明にも供えるようになったのだろう。閼伽池はこのように由緒ある土地であったから、当初は若宮八幡の神幸場にあてられていた」とある。

開田記念碑と昭和井路

関門の道端に開田記念碑が建っている【写真16】。すでに述べたように、高田輪中は川に囲まれて、洪水の被害をたびたび受けてきたにもかかわらず水の便が悪い。いわゆる乏水地のため、水田は皆無であった。水田が無いが故に、昭和の初期までこの地区の主食は粟、小麦、裸麦、さつまいもなどであった。粟飯は「スアワメシ」といって粟だけのものと、「コザネメシ」といって、裸麦を挽き割りにして混ぜたものがあった。いつからあるのか不明だが、「嫁にやるなら高田にやるな、高田スアワメシ（素粟飯）ごぼうの菜」という戯れ歌があった。これは、日頃米の飯を食べなかったことと牛蒡の特産地であったから、こんな歌ができたのだという（『研究小報第五集』）。

その高田輪中に水田が開かれたのを記念するのが、この石碑である。碑文は「我が高田地区は大野川の三角州に位置して古来洪水として知られた水田皆無の畑作地帯であった」ではじまる。その後、大分県の昭和井路（用水路、大分では用水路を井路という）の開鑿事業と高田村の事業への参加、事業の進捗状況などについて述べている。そして、「（昭和）三十三年地区多年翹望《ぎょうぼう》の水稲が初めて収穫された」という。高田輪中では、昭和三三年になってはじめて、米が収穫されたのである。水田耕作は、高田輪中の人々の悲願だった。水田面積はしだいに広がり、昭和三七年には、五一町歩に達した。住宅地の拡大で水田も減少傾向にあるが、高田輪中南部には現在も水田が広がっている（平成二年の水田面積は、約七七ヘクタール）。

【写真16】開田記念碑

昭和井路の建設は、大正一四年（一九二五）から翌昭和元年（一九二六）にかけての未曾有の干害が契機となったという。この時、明治・松岡・竹中・判田（いずれも現大分市で大野川流域）の村長から灌漑《かんがい》施設整備の申請があり、大分県も調査を開始した。整備計画では、明治台地（現大分市、大野川左岸）の標高五五メートル地点に導水するために、沈堕《ちんだ》発電所（現豊後大野市）の放水口付近標高七八メートル地点を取水地にすることにした。昭和一七（一九四二）に大分県の大野川河水統制事業の一環として施行することが決定。翌年、起工式が行われた。しかし、太平洋戦争中であったため、工事は進まなかった。昭和井路建設は、戦後の細田徳寿（戦後初の公選県知事）県政下で再開された。昭和井路事業を含む総事業費は、当時の金で二三億円余に達したが、大分県の最大河川に関わるものであり、その影響も大きなものがあった（『大分歴史事典』）。

高田輪中では、昭和三三（一九五八）から通水されたが、当初、新開田の漏水（減水）が甚だしく、人力による代かきもたいへんな苦労だった。それに加え、これまで水田が無かった高田では、男性の田仕事は初めての経験だった（『続高田村志』）。それでもこの年、「多年翹望水稲」が収穫され、新米が神仏に供えられたのであった。

ところで平成に入ってまもなく、平成二年（一九九〇）の農家総数は二〇八戸で全体の一六パーセント余、うち専業農家は約四パーセントとなっている。農地のうち約半分が水田である（『続高田村志』）。

若宮八幡社と常行天満社

若宮八幡社は、高田の氏神で、建久年間（鎌倉時代はじめ）に鎌倉の鶴岡八幡宮の分霊を勧請《かんじょう》して建てられたという。中世において「高田」という場合、「高田庄」を指しており、これは現在の大分市東部、大分川下流右岸から大野川下流域の広い範囲をいう。社地ははじめ丸亀にあったが、天正一四年（一五八六）の薩摩軍による兵火で焼かれ、再建された社殿も寛永二年（一六二五）の水害で流され、ご神体が流れ着いた大字南榎か瀬に移された。その後寛永六年、熊本藩主加藤忠広が現在地（鵜の鶴）に社殿を建立した。現在の社殿は、明治中期以降に建てられたものである。社殿は輪中の神社にふさわしく、石垣で二メートルほど高くして建てられている。

なお、第五章でとりあげる『高田風土記』とほぼ同じ内容の『若宮書上の栞』を刊行したのは、この若宮八幡社の宮司である広瀬雄次郎である。『高田風土記』の成立に、若宮八幡社が深く関わっているものと推測される。境内には、日露戦争以来の旧高田村の戦没者を合祀する戦没者慰霊殿がある。これは昭和二九年（一九五四）、当時の工藤照三高田村長を会長に結成された戦没者慰霊殿建設奉賛会によって建てられたものである（『続高田村志』）。

常行天満社は、大宰府八幡宮の分霊を勧請して建てられた。すでに四五〇年も前から、社地は現在の初穂田にあったという。ここも若宮八幡宮同様、天正一四年の兵火に焼かれ、見る影もなかった。万治二年（一六五九）、当地の首藤杢左衛門が、自邸の枯れた松に菅原道真の尊像をみつけ社を再建した。その後再び火災にあったが、宝暦の頃（一八世紀中頃）、熊本地方に日照りが続き、時の社僧位乗院が雨乞いを行ったところ、首尾よく雨が降った。そこで時の藩主が、そのお礼として社殿を造営した。こうして熊本藩主との縁が深いためか、本殿には熊本藩主が参勤交代の際乗船する波奈之丸《なみなしまる》（熊本藩主が乗る御座船。第四章参照）の船印（細川家の替紋である桜紋または中陰桜紋という）が掲げられている。波奈之丸を買い上げた首藤家もこの神社のある常行であり、波奈之丸は廃藩置県後しばらく、常行神社に近い乙津川に繋留されていた。

高田先哲祭

高田校区公民館では、毎年「高田先哲祭」が行われている。高田の先哲とは、刀匠紀新太夫行平《きのしんだゆうゆきひら》、毛利空桑《くうそう》、岡松甕谷《おうこく》の三人である。三人の先哲については、本書のなかでそれぞれ扱っている。先哲祭は、大正一一年（一九二二）にはじまった（『続高田村志』）。その目的は、いうまでもなく郷土が生んだ偉人（三哲）を顕彰し、その功績を後代に伝えるためである。

令和元年（二〇一九）の先哲祭は、一一月一〇日に高田校区公民館で行われた。筆者もはじめて参加させていただいた。主催者である公民館長の挨拶によれば、先哲祭は令和元年で九七回目になるという。もう一世紀近く続いている。それ自体驚きである。来賓の一人は、「周辺の校区で同様の催しがあることは聞いていない」という。

先哲祭ではまず、先哲の御霊を祀る神事が行われる。中央の祭壇には、正面に紀行平の太刀の写真、左側に毛利空桑の肖像、右に岡松甕谷の肖像が掲げられている。その周囲には、しめ縄が張られて厳かな雰囲気である。そして、神主の祝詞ののち、関係者が玉串を奉奠する。

先哲祭の後半は、先哲を顕彰するための講演会が毎年行われている。今回の講演は、岡松暁子氏「岡松甕谷の学問と生涯―岡松甕谷生誕二〇〇年によせて―」というものだった。講演者の法政大学教授岡松暁子氏は、何と岡松甕谷の玄孫であった。こうして高田の先哲の功績は、脈々と受け継がれている。そして先哲祭は、この高田輪中の人々の紐帯《ちゅうたい》（人と人の結びつき）をいっそう強固にしているのだと感じた。

第三章　輪中の洪水史

――防災と祈り

高田輪中は、ほぼ五～六年に一度という頻度で、洪水に見舞われた。戦後は、治水、防災対策の充実で、洪水の危険性は徐々に遠のいた。しかし、洪水がなくなったわけではない。近年は、堤防を越えて水が襲う洪水ではなく、内水氾濫という新しいタイプの洪水もみられるようになった。これは排水能力を超える豪雨と強固な堤防によって、水が輪中の外に出にくくなったことで起きる。また地下水位があがり、排水路などから水が逆流して浸水することもある。宅地化がすすみ、地面がコンクリートやアスファルトで覆われたことも一因である。令和元年（二〇一九）に東日本を襲った台風一九号による洪水でも、東京などでこの内水氾濫がおきた。

高田輪中の洪水の歴史とは、どのようなものであったのか。人々はどのように水と戦い、水を防いだのか。しかし高田輪中の人々は、戦うばかりではなかった。人々は水をうまく利用し、水と共存してきた。高田輪中の人々は、「水と戦い、水と生きた」のであった。

五～六年に一度の洪水

高田輪中では、慶長六年（一六〇一）から約四〇〇年あまりの間に約七〇回の水害が記録されている。単純に計算すれば、おおよそ五～六年に一度、洪水（水害）に見舞われていることになる。【表1】は、高田輪中で記録された洪水を年表にまとめたものである。これをみれば、洪水発生の頻度が高いのは、九月（二四回）、八月（二二回）、七月（一三回）である。七月から九月というのは、いうまでもなく梅雨の時期の大雨に加え、台風にともなう豪雨によるものである。ただし、大野川では昭和二年（一九二七）から大規模な河川改修が行われ、その後七五年間に記録されている洪水は

【表1】高田村洪水年表

一六二五年	寛永二	九月、大洪水あり。亀甲に鎮座せし若宮八幡の社殿流失。神体大字南榎ヶ瀬の古木に漂着す。
一六二七年	寛永四	八月六日、大風雨出水。
一六四一年	寛永一八	この年、大風雨洪水あり。
一六五七年	明暦三	この年、大風雨洪水あり。
一六五八年	万治元	大洪水ありて、大鶴村鐙鼻の塘堤、街道乗越より東方に亘りて一八〇余間破壊す。依て藩より益田弥一右衛門、佐藤専右衛門の二人を御普請頭とし、足軽三〇〇人を以て、六〇日の交代にて修復に着手し、数月を費して竣工す。
一六七三年	延宝元	五月、大雨出水す。
一六八八年	元禄元	八月一九日、大風雨洪水。
一六九六年	元禄九	七月一九日、大風雨洪水。
一七〇二年	元禄一五	七月二八日、大風雨洪水。
		八月二九日、大風雨洪水。
一七〇七年	宝永四	洪水のため、亀甲村の堤防七〇間破壊し、流家一三、倒家九七におよぶ。
一七二九年	享保一四	八月一九日、大風雨洪水。
		九月一三日、大風雨洪水。
一七三二年	享保一七	閏五月一五日・一六日、大雨洪水あり。
一七三七年	元文二	九月朔日、大風雨洪水。

一七六二年	宝暦一二	六月二五日、洪水。 七月一五日、洪水。 八月八日、洪水。大なる出水。
一七六九年	明和 六	八月一日、大風雨洪水。
一七七八年	安永 七	七月一〇日、大風雨洪水。
一七九一年	寛政 三	六月一二日、大雨洪水。
一八〇四年	文化元	八月二八日より強風雨、やがて辰巳の風北東風に変じ、二九日夜八ツ（現在の午前二時頃）終に出水す。水は漸次堤防の上を越して終に三丈三尺に及び、大野川筋に於ける溺死者三〇〇余人を算す。是に於てか御足米三八〇石九斗四合の給与あり。水害後は非常の凶作にて大飢饉となり、草根を掘り、或はカヅネ蔓、彼岸花等の根を取りて湯搔き、塩煮にして食したりと。此の年甲子なりしかば、之を大子の年の飢饉という。而して当時此の如き惨状を呈したるは、穀止の制ありしに由る。
一八一六年	文化一三	九月強風雨洪水。人畜の死亡、家屋の流失少なからず。御足米三五九石出づ。
一八二八年	文政一一	八月一一日、大風雨洪水。 九月二日、大風雨洪水。御足米四三四石六斗給与あり。
一八三二年	天保三	八月、大風雨洪水。御足米二一二石余出づ。
一八三六年	天保七	九月、気候不順。加ふるに洪水ありて大飢饉となる。御足米三一九石給与あり。尚十分ならざりしと。
一八五〇年	嘉永 三	八月、大風雨洪水にて、風災水害少なからず。御足米三一一石出づ。

一八六二年	文久二	閏八月九日より辰巳の風甚だしく、翌日には北東風に廻りて強風雨となり、遂に一一日に至りて前代未聞の洪水となる。大野川の増水三丈五尺（処によりては五丈二尺）に及び、鐙鼻をはじめ、村内堤防の破壊四ヶ所にて総間数七九六間、流家三〇七軒、其の内居宅五二軒、流死男女三六人、牛馬二三頭、耕地荒廃して頗る惨状を極む。御足米五八五石余をはじめとして救恤の金穀甚だ多かりき。水災後、下徳丸の平井丈右衛門、藩命を受けて塘堤復旧工事につとめたり。今、丸亀の対岸に屹立する断崖の中腹に並べる数基の石塔は此の工事の時、百堂山の顛より土を取るに当たって発見されたるものなり。
一八七三年	明治六	一〇月二日（陰暦の八月一一日）大野川の増水三丈五尺余に及び、鵜猟その他数ヶ所の堤防を破壊し、鶴瀬、丸亀、関園等の人家流失せるもの少なからず。官、即ちこれが救助として扶助米代金を国庫より貸下げ、土地の正租を半減らす。また大分県権令森下景端は御鶴鐙土手の稍々高きに失して水勢の激衝甚しき結果、其の破壊するや一時に氾濫し、却って被害の多くするに省み、延長七〇間余に亘りて高さ一丈四尺を切り下げ、かつ石畳とせり。
一八八五年	明治一八	夏、洪水あり。下徳丸河岸破壊。
一八八六年	明治一九	この年、春雨がながく、また五月雨もなく、六月に至りて非常の干ばつとなり、雨乞の末七月に入りて漸く潤ありしが、八月より九月かけて四回の洪水をみるに至れり。八月二〇日（第一回）より強風雨、二一日夜増水、二二日午前出水。九月一〇日（第二回）より強風雨、一二日夜増水、九尺に及び倒家八戸あり。九月一九日（第三回）より強風雨、一八日午前九時二丈六尺の増水にて洪水。九月二二日（第四回）より大風雨、よく二三日増水、一丈七尺。再々の洪水にて作毛実らず。

一八九三年	明治二六	一〇月一四日、未曾有の大洪水あり。午前九時出水、水量平水を増すこと三丈六尺。鶴瀬・鵜猟河瀬堤防、丸亀新田の堤防等破壊するもの九ヶ所（内全潰五ヶ所、半潰四ヶ所）、延長五六五間に及び、土地の荒廃二一九町五段三畝二一坪に達す。溺死八四人、流失家屋九三戸。
一八九四年	明治二七	九月一一日、又も大洪水に遭遇す。午前一一時出水水量三丈三尺。前年決潰せし堤防復旧工事九分方竣工せしに。此の洪水の為め再び破壊し、住家の流失二六戸に及ぶ。されど幸に人畜には死傷なかりき。
一八九九年	明治三二	七月八日、暴風雨。午後七時出水。大野川増水、一丈九尺。
一九〇〇年	明治三三	七月一一日、大雨洪水。
一九〇一年	明治三四	一〇月八日、大風雨、洪水。
一九〇二年	明治三五	九月八日、昨日より大風雨にて洪水。大野川の増水、二丈六尺五寸。
一九〇五年	明治三八	六月二〇日、大雨洪水。
一九一一年	明治四四	八月一五日、朝来暴風雨、午後洪水。
		九月二二日、昨夜来暴風雨の処、今朝午前一時遂に出水す。
一九一二年	大正一年	九月二一日、朝来暴風雨。出水、路上四尺に及ぶ。
一九一五年	大正四	九月八日、暴風雨出水。
一九一八年	大正七	七月一二日、暴風雨にて非常に出水し、午前六時校庭に来たり。同九時頃出水最も甚しく、校舎の床上浸水三尺三寸に達す。校舎北側の柵、全部損壊。
一九二五年	大正一四	九月五日、出水、及び暴風雨の為、臨時休業をなす。

一九二八年	昭和 三	六月二七日、大野川、大出水。鶴崎にて八尺の増水。 八月一八日、暴風雨、出水夥し。 八月三〇日、大暴風雨。校庭にまで満水。
一九四三年	昭和一八	九月二〇日、昨夜来の豪雨にて鶴瀬の堤防破壊し、高田全村水浸しとなり、流失・全壊家屋多数に及び又人命をも奪う。学校の浸水、床上二米、書類流失す。現在の大分市域全体の被害は、死者行方不明五九人、流失家屋一九七戸、全壊または半壊家屋一五六〇戸（『大分合同新聞』昭和一八年九月二三日付）
一九四五年	昭和二〇	九月一七日、午後一〇時、堤防決潰す。一昨年より西側の堤防まず決潰し、一昨年同様に大決潰す。学校に待機せし阿部校長、足立教頭、南、御手洗、佐藤訓導校舎浸水まで重要書類片付をなす。九月一八日、夜中風雨強まり、一同二階にて徹宵警戒に当る。浸水は床上二尺八寸、校舎内外相当の被害ある模様なり。夜明を待ち校内巡視をなす。職員室を片付く。女子職員も出校、村長岩尾亀雄氏、視学佐藤盛雄氏巡視。
一九九三年	平成五	内水氾濫

＊一六二五年～一九一五年は『高田村志』、一九一八年～一九四五年は『高田小学校沿革史』による。**一九四五年以降は、大規模な水害は起きていない。**

九回で、これはおよそ八年に一度となり、洪水の頻度が大きく減少している（吉良明子）。

高田輪中の洪水の特徴

戦後間もなくまで、大野川左岸では関園付近から鶴崎まで、また乙津川右岸では高田橋あたりから鶴崎まで堤防らしい堤防はなかった。つまり堤防があったのは、輪中の南側半分（上流側）であった。また昭和三〇年代にいたっても、北側（下流側）の半分は堤防が低かった。この状態を「尻なし堤」といっていた。高田輪中では、川の水位が上昇すると堤防のない北側から輪中内に水がじわじわと侵入した。すなわち下流側から徐々に水があがってくるわけで、この下流から逆流する洪水を高田輪中では「しりごみ（尻込み）」とか「逆流《さかみず》」と称した。これは、高田輪中の洪水の著しい特徴である。このようにして、有機質を含んだ肥沃な土砂が侵入することで、農業に恩恵をもたらした。とくに戦前は、養蚕の桑の栽培（桑畑）に有益であった（『続高田村志』）。高田の人々は、「静かな浸水」を利用していたのである。

ところが大量の雨が降って、大野川の水勢が最大となるとしばしば堤防を突き崩す。この時の洪水は、南側の上流の堤防が決壊するわけだから、輪中全体が上流から下流へ一気に水に押し流される。特に大野川が直角に近い角度で彎曲している鐙鼻《あぶみばな》付近は、水の圧力を真っ直ぐに受け止めることから決壊しやすい。この付近の堤防が決壊すると、大惨事となることが多いのである。

頻繁に起こる洪水の中でも、数十年のスパンで大規模な被害（堤防が決壊する洪水）も発生している。それも記録が残っている限りなのであるが、過去の洪水の状況をいくつかあげてみよう。

文化元年（一八〇四）と文久二年（一八六二）の水害

江戸時代後半の文化元年（一八〇四）は、八月二三日（『高田村志』には二八日とある）から風をともなった大雨となった。台風であろう。翌日には出水し、暫くして水は堤防を越えた。水位は二メートルを超え、二八日まで大洪水が続いた。大野川筋の死者は約三〇〇人におよんだ。洪水は肥沃な土を運びはするが、洪水は作物を洗いざらい流し去る。そのためこの年は凶作となり、「草根を掘り、或はカヅネ蔓、彼岸花等の根を取りて湯掻き蕪煮にして食した」という。洪水には、必ずといっていいほど飢餓がともなう。

幕末の文久二年（一八六二）は、八月九日から辰巳《たつみ》（南東の方角）の風が強くなり、翌日には北東風に変わり、一一日にいたって前代未聞の大洪水となった。大野川の水位は、五メートル五〇センチも高くなり、所によっては七メートル以上増水した。堤防は鐙鼻ほか四ヶ所で決壊し、流失家屋は三〇〇を超え、死者は三六人におよび、牛馬も二三頭流されたという。耕地は荒廃し、惨状を窮めた。ただし、救助米五八五石など、救恤の金穀は多かった。水害後、下徳丸村の平井丈右衛門が、藩命を受けて堤防の復旧工事に尽力したという（『高田村志』）。

首藤家と災害復興

ここで江戸時代、水害がおこったとき、どのように災害復興が行われるのか。その一端をみてみたい。

永青文庫所蔵『町在』（熊本県立図書館複製本を利用）には、文化元年（一八〇四）三月二五日に首藤次郎兵衛が寸志として、銭一〇貫八〇目を熊本藩に献金している史料がある（目録番号9.19.6_32）。これによれば、次郎兵衛の寄付した銭のうち、二貫七〇〇目は「水害諸御普請御用寸志」となっている。つまり、藩による水害の復興工事にあてるための献金である。これによって次郎兵衛は、二人扶持をあたえられたが、肩書きも「御郡代直触《おんぐんだいじきぶれ》」となっている。武士身分の末席に位置しているのである。

関門には、首藤家累代頌徳碑《るいだいしょうとくひ》【写真17】という大きな記念碑がそびえ立っている。この頌徳碑の碑文（『高田村志』に全文が掲載されている）によれば、首藤次郎兵衛は「首藤家中興祖」とされている。この首藤家は、常行村の庄屋を代々務めてきた。そして土地を集積し、地主となった。金融業も営み、熊本藩への多額の献金をはじめ、延岡、臼杵、府内、杵築、日出、佐伯の各藩に融資（大名貸）を行っている。献金を続けた次郎兵衛は、のちに熊本藩から苗字帯刀を許され、士分（一領一疋《いちりょういっぴき》）に取り立てられた。さらには、家紋が入った小袖《こそで》や裃《かみしも》を拝領して、熊本藩から厚遇された。文政年間から首藤次郎兵衛が「岩丸」という屋号の造り酒屋を創業する。最盛期には臼杵藩領稙《わさ》田《だ》（現大分市）をはじめ、七つもの店舗を有し富を蓄積した（『高田村志』）。また、「岩丸」という屋号を付した私札も発行されており、その財力と信用力の大きさがうかがわ

【写真17】首藤家累代頌徳碑

れる。首藤家は、諸藩が近接する高田という地の利を生かして成長した産業資本家であり金融業者でもあった。

碑文にはさらに、明治六年（一八七三）と明治二六年（一八九三）の水害のときにも首藤家が多くの米や麦などの食糧を提供し、住民を飢えから救ったことも刻まれている。おそらく、地主から成長し金融業や酒造業で成功した次郎兵衛以来、首藤家は何代にもわたってその蓄積した富を災害復興や住民救済のために供してきたのであろう。その功績が、この頌徳碑に象徴されている。なお、次郎兵衛から四代目の長次郎（英道）は、廃藩置県後に払い下げになった「波奈之丸《なみなしまる》」（現在、熊本博物館に保存展示）を現金「一千両」で買い取ったことでも知られている（波奈之丸については次章参照）。


明治六年（一八七三）と明治一九年（一八八六）の水害

一〇月二日の暴風雨によって、洪水となった。大野川の水位は約一〇メートルに及び、鵜猟河瀬ほか堤防が数か所決壊した。鶴瀬、丸亀、関園などの人や家屋が多数流された。大分県は「扶助米代金」を国庫から貸与、地租を半減した。また森下景端権令《かげなおごんれい》（のちの県知事）は、大鶴の鐙鼻の土手（堤防）がやや高すぎたため、かえって決壊して大きな被害になったと判断。堤防をすこし切り下げ、さらに石を堤防の基底部分に敷いて補強をした。

明治一九年は、春先から雨が降らず、五月になっても雨がなかった。六月に至って、ついに非常の干ばつとなった。このような時は、まず雨乞いである。雨乞いの結果、七月になってやっと潤いの雨が降った。ところが今度は、八月から九月にかけて、四回もの洪水に見舞われた。第一回、八月二〇日より強風雨。二二日になって出水。第二回、九月一〇日より強風雨。一二日に増水、八戸倒壊。第三回、九月一七日より強風雨。一八日に増水、洪水。第四回、九月二二日より大風雨。二三日増水。再三の洪水のため、この年は作物が実らなかった（『高田村志』）。

明治二六年（一八九三）の水害

明治二六年も、台風に伴う「未曾有の大洪水」に見舞われた。一〇月一四日に、高田付近では、大野川は通常の水位を六メートル近く上まわった。堤防は九ヶ所で決壊し、決壊した堤防の延長は一〇〇〇メートルを超えた。流失家屋は鶴崎町五〇、高田村九三、別保村一五、松岡村一二、川添村一〇であった。高田での死者は、八四名におよんだ。いうまでもなく田畑が荒廃したため、食糧不足となりたちまち飢餓に陥った。

大分県から内務大臣宛の報告書には、次のようにあった。「どこをみても凄まじい状況で、鳥や犬の鳴き声も聞こえない。水浸しの河原に呆然とたたずむ老婆あり、泣き叫ぶ女性あり、母の名前を叫びながら探す女児あり、死体を捜索する男性ありという状況だ。救助に派遣された役人たちも、ただ呆然として何もできない。木々に引っかかった流木などのごみもの凄い有様で、ただ困惑するしかない。ああ、この世にこれ以上の惨害があるだろうか」と（『大野川』）。この台風による大雨で、県内の大河川はほぼすべて決壊し、死者およそ三八〇人、家屋約三四〇〇戸が被害を受けた。水害後には、飢餓に加え赤痢などの病気も発生したという。

この洪水の被害状況は、明治天皇の耳にも達し、侍従片岡利和が派遣された。そして大分県に対して、救恤金二五〇〇円が下賜された。このうち高田村には、二六七円七厘の配当があったという（『高田村志』）。

大正七年（一九一八）の水害

大正七年（一九一八）は、七月一〇日から大暴風雨（台風）となり、降り始めからの降水量は、五〇〇ミリ近くに及んだ。現在のいい方でいえば、「二～三日間に年間降水量の三分の一が降った」となる。大洪水となり、鶴崎町はほとんどが床上浸水であった。堤防も各所で決壊した。この年はこの洪水のあと、米騒動やシベリア出兵があり米価高騰が庶民を苦しめた。さらに秋口からスペイン風邪が猛威を振るい、大分県でも一万人近くが死亡した（長野浩典）。大正七年は、実に多難な年であった。

昭和一八年（一九四三）の水害

昭和一八年（一九四三）は、アジア・太平洋戦争中に起きた大洪水であった。九月一九日から降りはじめた大雨で、鶴瀬の堤防が決壊した。三日間降り続いた雨は、大分地方で五七八ミリ、大野川の上流では六〇〇ミリから七〇〇ミリも降ったという（『研究小報第一一集』）。大野川の最高水位は、場所によっては七メートルを超えたという。一・五メートルの盛土上に建てられていた高田村役場もさらに一・五メートル浸水したという。ということは、高田地区では水位が三メートルに達していたことになる。高田橋が流失し、鶴崎中学校の校舎も流された。高田小学校児童四名、鶴崎小学校児童二名を含む、一四名が死亡した（当時の『大分合同新聞』では、高田村だけで死者一八名としている）。なお、大分県下の総被害は死者二四〇人、傷者一二六人、行方不明七八人、家畜死亡一七〇七頭、家屋流失六二四戸、同全壊八一一戸、同半壊二一八七戸であった（ＮＨＫ大分）。

高田輪中とその周辺には、このときの最高水位を示す標示が四か所かある（第二章参照）。この地域の人びとにとって、この時の洪水は強烈な記憶となった。比較的最近おこったこの大洪水は、被害者の証言も残されている。『続高田村志』には、当時高田村役場に勤務していた金丸次雄（大鶴在住）の証言記録「昭和十八年の大洪水を語る」がある。長文のため、要約して紹介する。

九月二〇日、前日から降り続く雨は、一向に降り止まない。午前七時半頃、堤防にあがってみると大変な増水で、既に堤防から数メートルの所まで濁流が押し寄せている。やがて堤防が決壊して、大洪水となると判断。さっそく役場へ行き、書類を二階にあげる。村長も来ていたが、「書類の片付けが終わったら、早く帰れ」という。帰宅すると母親が「火焼き」を焼いている。近くの住人が、「うちの家はすでに床上まで浸水しているから」といって、子どもを預けていった。家にいるのは、母親と妻と長男（生後五〇日）、それに預かった近所の子どもであわせて五人。間もなく堤防が決壊したらしく、周囲の家も流されはじめている。ただ事ではないと二階にあがると、家の中の鍋や釜が流れている。五人とも二階にあがって、梁《はり》にしっかりつかまっていたら、家が潰れ二階の床も水に浸かった。家は二〇本ほどの「くね」に囲まれているから、流されはすまいと思っていたが、間もなく流されはじめた。家は茅葺きだったので、鎌や包丁を使って屋根の一部に穴を空けて屋根の上にはい上がった。ほかの者も何とか屋根上に引き揚げた。家は乙津川の方へ流されていた。乙津川に落ちたらどうしようもない。ダメかも知れないと思い、妻に最後の乳を長男に飲ませてあげるようにいった。長男の顔はススで真っ黒だったが、必死に乳を飲んだ。母親は自分に「お前だけでもあそこの楠まで泳いでいって助かれ」という。妻もそうしてくれという。こうなるともう、神頼みしかない。母親は「四国の金平さん」に願をかけようという。母も妻も自分も、一心に御経をとなえた。しばらくすると、風向きが変わった。家は乙津川と逆の東側に流れはじめてた。こうして乙津川に落ちることなく九死に一生を得ることができた。大鶴の自宅跡に帰ってみると、倉はもちろん、石垣ほかすべてが流されていた。二〇ほどもあった「くね」も、タブの木が一本残るのみであった。濁流によって地面もえぐられていた。大鶴地区（決壊した鶴瀬の堤防に隣接）の九軒の家は、すべて流されていた。その後、何度となく折に触れて金刀比羅宮にお礼参りをした。

当時の新聞報道

当時の新聞は、次のように伝えている（『大分合同新聞』昭和一八年九月二四日夕刊）。

鶴崎地方で水害の最も甚だしかったのは、高田村から鶴崎町の別保一帯で、六百五〇万円を投じた大野川の河川改修工事は、明治二十六年の大洪水の水量を基準に以後五十年の水勢を調査して、相当堅固に設計し、而も大洪水時より堤防を四尺も高めに築き、大野川水勢の要になる、高田村鶴瀬部落上手の有名な、旧幕時代細川侯の築設した堤防付近は一層の堅固さであった。だが今回の水害は、その細川堤防を潰したので、鶴瀬部落の十数戸を一気に押し高田村に濁流を渦巻かし、下流の別保、鶴崎を洗ったのである。同村の死者十八名、流失家屋三十二戸、全壊六戸、半壊三百戸、家畜流失牛二十四頭、馬四頭、ブタ四頭。又同村の主要生業である蔬菜畑は中鶴瀬部落付近は三尺乃至五尺の砂利に埋没、半数の約百町歩が泥土で覆われ、採掘期の牛蒡は殆ど全滅、大根其他の蔬菜は埋まってしまったが、同村議員一同は二十二日翼賛会壮年団と協議会を開き、災害復旧に頑張り抜く決議を行い、一人も屁駄張《へたば》る村民はいない、同村を一渡り見ると長さ六十米（メートル）の高田橋は頑丈な鉄筋コンクリートの重い橋体が真ん中からポッキリ折れ、奇麗に橋の袂から両岸にキチンと並んでいる。（後略）

大野川の河川改修や築堤は、明治二六年洪水の水量を基準に進められた。堤防の高さも、従来より四尺（約一・二メートル）高くしていた。しかし、昭和一八年の洪水はそれを大きく上まわり、堤防は決壊した。死者一八人、流失家屋三二戸、全壊六戸、半壊三〇〇戸と凄まじい被害であった。昭和一一年の高田村の戸数は、約四〇〇戸であったから（『大分県市町村大鑑』）、戸数が一八年までに大きな変化がないと仮定すると、およそ八五パーセントの家屋が全半壊以上の被害を被ったことになる（残りの一五パーセントも浸水被害は受けている）。畑には大量の土砂が流れ込み、牛蒡も大根も収穫不能な状態となった。高田橋も中央付近でふたつに折れ、無惨な姿をさらしていた。

ちなみに、鶴崎署管内（鶴崎町、高田村、桃園村、別保村など一町七ヶ村）の被害は、死者行方不明四八人、流失家屋一九二戸、全壊または半壊家屋一五六〇戸、浸水家屋は三佐村の五〇〇戸を除く管内すべてと伝えている（『大分合同新聞』昭和一六年九月二三日朝刊）。

平成五年（一九九三）の水害

戦後は、水が堤防を超える越水または堤防が決壊して起こる洪水（外水氾濫）は、ほとんど起きていない。しかし現代は、新しいタイプの浸水が起こるようになった。話はずっと飛んで、現代まで下る。平成五年（一九九三）の浸水は、いわゆる「内水氾濫」であった。内水氾濫とは、堤防の外から水が流れ込んでくる（これを外水氾濫という）のではなく、排水能力を超える大量の雨が降ったために起こる洪水である。この時は、おもに旧河道が浸水した模様である。乙津川沿いの他の地域でも、自然堤防（微高地）は浸水を免れている。また旧河道でも、盛土をして嵩上げした東陽中学校は、浸水から免れた（吉良明子）。

内水氾濫は、住宅地化がすすみ家屋が増加したことにも原因がある。すでに述べたように高田輪中の北半分の住宅地化が急速に進んでいる。もともと高田では、自然堤防などの微高地に家屋が建っていた。しかし近年は、旧河道などを埋めて住宅地が造成されてきた。旧河道はまわりよりやや低く、大雨の時には水が溜まる場所であった。ところがそのような低地がなくなると、水の行き場がなくなるのである。また、家屋とその周辺のコンクリート化も進み、保水力が減退し、内水氾濫が起こりやすくなっているという。このような内水氾濫の対策として、高田輪中には関門排水ポンプ場、関園排水ポンプ場、高田橋排水ポンプ場の排水施設が設けられた。

水害と河川法の制定

ここで大野川の治水事業、水防事業に目をむけてみたい。氾濫、洪水をくり返してきた大野川の本格的な治水工事が行われるようになるのは、昭和に入ってからであった。しかし、本格的な工事にいたるまでの経緯がある。明治二九年（一八九六）年四月、河川法が制定された。この法律によって、内務大臣監督下の地方行政庁において、その管内の河川を管理させ、河川の有効利用を促進し、さらに災害を防止することになった。この法律に関し、明治三〇年（一八九七）一一月の通常大分県会で、早速、大分県下最大の河川である大野川がとりあげられた。大野川を河川法による国庫支弁の河川に編入するよう、県知事より請願することが決まったのである。最初に大野川が取りあげられた理由としては、寛政年間（一八世紀末）から明治二八年（一八九五）のおおよそ一〇〇年間に九回も洪水があったことがあげられる。さらに明治二六年の洪水に関わり、県費から八〇〇〇円、国庫から三万三〇〇〇円も支出し、さらに治水堤防費に一二万円も必要な状況があった。大野川の改築は緊急であるが、それに要する多額の費用を県費のみで負担することは困難であった。審議の中で県職員から、「河川法による改修は国庫から費用が支出されるが、それは河川改修のみで、護岸や堤防その他の経費は県費負担となる。河川法の対象となる河川は、ほかにも三隈川《みくまがわ》・玖珠川《くすがわ》なども調査中である。しかし多額の測量費（器具、人夫賃も含む）などの観点から、まず大野川から取りかかりたい」と答え了承された（明治三〇年『大分県通常会日誌』）。

ただ同年、大野川下流の諸町村（鶴崎町・三佐・桃園・明治・別保・高田・松岡・判田・戸次・竹中・

河原内は、は当時大分郡。川添・大在は、当時北海部郡。現在はすべて大分市に含まれる）から、「大野川改修工事施設請願書」が県議会に提出されていることにも注目したい。請願書では、江戸時代以来の大野川の水害の惨状を訴え、さらに明治二六、二七年の水害では、膨大な損害と負担が生じたこと、何より大野川流域だけで一一一人の人命が奪われたことなどを請願の理由としてあげている。そして請願書の最後には、「被害の民衆多年困厄苦痛」を憐れみいただいて、「願わくば河川法により改修を実施していただきたい」、とある（『大分県史近代篇Ⅱ』）。大野川がまず河川法の対象となったのは、流域住民の悲痛な訴えが、行政を動かしたからだといえる。

明治四三年（一九一〇）の全国的な大水害を期に、全国にわたる治水計画がたてられた。計画では、河川法による国の直轄事業として改修を行う六五河川が決められた。対象河川の調査は一期と二期に分けられたが、大野川と大分川は二期河川となった。その結果、大野川は昭和三年（一九二八）八月、大分川は同年一〇月をもって河川法の適用を受けることになった（『大分歴史事典』）。こうして近代の、大野川の本格的な河川改修がはじまることになった。

大野川河川改修事業の実施

大野川の改修は、昭和四年（一九二九）に着工され、昭和一八年（一九四三）完成予定の大工事であった。しかし工事は、計画通りには進まなかった。これは国費支出の割合が少なかったためといわれている。昭和一一年（一九三六）の大分県会では、「現在、鶴崎橋から河口までの築堤を進めている。工事は築堤と河床の浚渫《しゅんせつ》が主で、浚渫した土で堤防を築くのであるが、工事が一日も早く進

む ほど利益は大きいので、陳情をして居るが希望通り行かない」と説明されている。「希望通り」に工事が進まなかったのは、費用面のほかに大野川の水位が季節的に大きく変動することにもあった。阿蘇火山系に属する草原地帯を水源とする大野川は、豪雨による洪水とは裏腹に、渇水時には河床をわずかに水が洗う程度で、水利面からは極めて不良河川であった。

大野川の河川改修工事は、具体的にはどのようにすすめられたのか。昭和四年に工事がはじまった時点では、犬飼（現豊後大野市）における計画水流量を毎秒五〇〇〇立方メートルとし、戸次《へつぎ》から河口にいたる全区間に堤防の築造、河道の掘削、浚渫を行った。大野川の改修工事は、明治二六年（一八九三）の大洪水の水量を基準に、以後五〇年間の水勢を調査して設計したものであった。ところが、昭和一八年と二〇年に計画水流量を上まわる洪水に見舞われた。このため、戦後間もない昭和二一年（一九四六）に犬飼における計画水流量を毎秒七五〇〇立方メートルに引きあげて、築堤、掘削、護岸の建設を行った。また、大野川の水の一部を乙津川に分流させることになり、乙津川分流堰および高潮対策を実施した。それでも昭和二九年（一九五四）と昭和三六年（一九六一）に流域が洪水に見舞われた。そこで昭和四九年（一九七四）、基準点を犬飼から白滝橋（大分市）に変更し、計画水流量を毎秒九五〇〇立方メートルに引きあげて治水工事を継続した。さらにこの間、大野川上流に多くのダムが建設された。これらのダム群によって大野川の水量調節機能（洪水調節機能）が、格段に向上していった（『続高田村志』）。

溢流堤《いつりゅうてい》（分流堰）の建設

現在、降雨によって大野川の流量が増えると、水の一部を乙津川に誘導する。大野川の水を分散させて、洪水を防ぐのである。その機能を果たしているのが、高田輪中の少し上流にある大津留の溢流堤（分流堰）である【写真18】。

【写真18】大津留の溢流堤　橋脚がかかっているのが大野川、手前が乙津川

溢流堤の設置は、戦後になって計画された。しかしどこに設置するかで、地元は揺れた。溢流堤が建設される地区は、農地を手放さねばならない。また施行後は、川の流れが変化するから、洪水の不安もあった。溢流堤の建設予定地は四案あったというが、最終的には東京荒川での河川の大型模型実験を行って決定された。実験の結果、現在の大津留地区が適切であるとの結果がでた（昭和二九年）。しかし大津留地区と工事の影響を受ける毛井《けい》地区の住民は、大野川溢流堤新設反対期成同盟を組織し、建設省に建設反対の陳情をくり返した。いっぽう、鶴崎市長（当時）や市議会が間にはいり、建設へ向けて反対住民との折衝がつづけられた。

何度も説明会や交渉が重ねられた末、反対感情も徐々に和らげられていった。建設省（当時）も、①工事による洪水の不安除去に努める、②失われる用地の代替地を準備する、③大津留地区のうち耕地が二分される所有者の上流への移転の費用を補償する、などの条件を提示し問題の解決をみた（昭和三一年）。こうして、模型実験から八年後の昭和三七年（一九六二）、総工費五億円余りをかけて溢流堤の完成に至った。これにより、大津留村の一部が分村されて現在にいたっている（『ふるさと松岡』）。

排水ポンプと大野川防災センター

【写真19】関門の排水ポンプ

【写真19】は、関門にある排水ポンプである。これは内水氾濫の対策として、平成一六年五月に設置された。正式名称は、「大分市公共下水道関門雨水排水ポンプ場」という。ポンプ場は、ポンプ棟と発電機棟の二棟からなる。この排水ポンプの排水能力は、毎秒七・六トンである（大野川に排水）。翌年の台風一四号でその効果が実証され、内水氾濫による被害にも対応できるようになった。ポンプによる排水となったから、水門の開け閉めの必要もなくなった。この排水ポンプとほぼ同時に堂園排水ポンプも設置された（排水量毎秒九トン）。さらに平成二〇年度に高田橋排水ポンプ（排水量毎秒一トン）が追加設置された。

上徳丸の川添橋横に大野川防災センターが建設された（平成二一年業務開始）。同防災センターは、水害などの災害時に対策本部を設置し、また住民の一時避難所として利用される。七〜八メートルほどの盛り土の上には、センターの建物のほか、非常の際に必要な資材が常備されている。またヘリポートとしても利用可能である。平常時には、防災に関する展示や研修、会議等にも活用できる。

鐙鼻《あぶみばな》の宝塔《ほうとう》様（一字一石塔）

これまで、ハードの面での洪水対策をみてきた。しかし度重なる洪水被害に見舞われてきた高田輪中の人びとは、命と生活をまもるために神仏の力にも頼ってきた。その象徴的な存在が、鐙鼻の堤防上にある「宝塔様」であろう【写真20】。濃尾平野の輪中集落でも、何度も決壊した堤防や堰の近くに水神を祀ったりした。この宝塔は人の背丈ほどの高さで、正面には南無妙法蓮華経と刻まれているようだが、摩滅がひどくはっきり読めない。背面にこの石塔建立の経緯と祈りの言葉が刻まれている。この文章は、常行村の儒者毛利空桑（当時七四歳、名は倹。空桑については後に詳述する）が著したもので、空桑の直筆の文章を彫り込んだものである。碑文は次の通り。

此邑土肥而禾稼繁動実積萬億生歯益加、但恨東西瀕水□往氾濫大甚□堤壊畝無栖糧廬漂人溺号泣相聞、常仙寺□日宣與首藤道英家子道猛謀仰官許樹此碑、其設心之慈愛書石醇謹無有応感也耶、若然者此邑之福亦大虞書□至誠感神匪今斯今也哉

七十四翁倹撰併署

所々欠字などもあるが、大略次のような内容だと思われる。「この村は土が肥えていて、穀物も

【写真20】鐙鼻の宝塔様

よく実り収穫も多く、人口も益々ふえてきた。ただ、東西に川（大野川と乙津川）があるにもかかわらず水の乏しさに悩まされた。いっぽう川の氾濫により堤防が破壊され、家も食糧も人も流され、人びとはしばしば号泣してきた。そこで常仙寺の日宣和尚と首藤道英・道猛父子が謀り、官の許しを得てこの石碑を建てた。この石碑を建てた慈愛の心と慎み深い気持で石に経文を書き祈れば、心を動かされない者はないであろう。であるなら、この村の幸福と災いの恐れを除くことを至誠をもって祈れば、今すぐに神仏をもゆり動かすことができるであろう」と。

この塔は、常行村の首藤道英・道猛父子と同じく常行村の常仙寺住職日宣が協力して明治三年（一八七〇）に建てた（塔の右側面に明治三年とある）。そして毛利空桑が「撰併署」、すなわち、自筆の文章を書いたのである。首藤家についてはのちに詳しく述べるが、高田きっての素封家で、屋号を岩丸という。江戸時代は周辺の大名に対して、大名貸（大名相手の金融業）を営んだ家である。首藤家の菩提寺で常行村にある常仙寺は、加藤清正が建てた鶴崎の法心寺と同じ山号（ともに雲鶴山）の日蓮宗の名刹である。

またこの塔は、いわゆる一字一石塔だという。一字一石塔とは、信仰する教典の文字を一字一字小石に祈りを込めて書いて土中に埋納し、そのうえに建てた塔である。この塔の下には、経文を書いた小石が納められている。その石の数は、実に六万九三八四個におよぶという。この数は法華経の文字数である。「一字一仏」ともいう。ただし、この石塔はもともと鐙鼻より少し上流の堤防上に建てられていた。昭和三九年（一九六四）に大野川と乙津川が分流する付近に溢流堤（分流堰）をつくった時に、現在地に移転した（『ふるさと松岡』）。従って、現在の塔の下に「一字一石」があるかどうかは不明である。なお現在も、鶴瀬の一乗寺住職が、宝塔様の前で経文を読み、水害の犠牲者の供養を行っているという。

鶴瀬の慰霊碑と慰霊祭

鶴瀬には、水難慰霊碑群がある。水難慰霊碑は、正面に「高田水難慰霊塔」、向かって左に「明治弐拾六年水難者慰霊之碑」、右側に「南無妙法蓮華経　拜書一石一字」の三つの石碑である【写真21】。

「明治弐拾六年水難者慰霊之碑」は、文字通り明治二六年の水難者の慰霊碑であるが、元は鶴瀬の堤防上にあったものという。堤防上の慰霊碑は、昭和一八年の洪水で流失してしまった。ところが鶴崎自動車学校の建設に伴い、流失した慰霊碑の一部が発見された。そこで地元住民と自動車学校が相談して、新たに慰霊碑を再建した。この慰霊碑の背面には、「昭和五十二年十二月二十二日贈鶴崎自動車学校校主佐藤豊」とある。

右側の石塔には「拜書一石一字」とあることから、宝塔様同様、これも一字一石塔である。法華経を書いて埋納したものであろう。背面には「願以此功徳普及於一□正徳二壬辰」とあることから、正徳二年（一七一二）に建てられたことがわかる。文章は「この功徳が、この地域一帯にあまねく

【写真21】 鶴瀬の慰霊碑

及ぶように願う」という意味である。従ってこの塔は水難慰霊碑ではないが、地域の人々の安全を願ったものである。中央の「高田水難慰霊塔」は、これまで高田輪中で亡くなった水難者すべてを供養するものである。なお慰霊碑の背後には、大小の墓石もたくさん集められている。すべてが水難者の墓石ではないのだろうが、洪水で流され、のちに発見された墓石を集めたものであろう。

鶴瀬地区ではこれまで、明治二六年と昭和一八年の大水害で亡くなった人々の慰霊祭を地区住民と遺族を中心に行ってきた。しかし高齢化の進行や生活環境の変化などによって、継続的な慰霊祭の執行もしだいに困難になってきた。いっぽう、水害の記憶を忘れないようにすることも、この地域の重要な課題である。そこで平成一五年（二〇〇三）から、九月一日の「防災の日」にあわせて、高田校区全体の行事として慰霊祭を行うことになった。慰霊祭では慰霊碑の前で僧侶が読経し、犠牲者の供養を行う。その後、水害体験者の講演会などが行われるようになった。しかし、新しく高田の住人になった人や若い人の参加率は低調だという（小倉妙子）。

大乗妙典一字一石塔と雨乞い

右にみてきたように、高田輪中には一字一石塔が多い。ここに紹介するのは、関門にある大乗妙典一字一石塔【写真22】である。建てられたのは嘉永六年(一八五三)で、ペリーが浦賀にやってきた年である。正面中央には「南無妙法蓮華経」とあり、その右に「八大龍王」とあり、左側には「水神龍王」とある。このふたつの龍王、すなわち龍神は雨をつかさどる神で、雨乞いの際に祈る神でもある。つまり高田輪中に点在する「一字一石塔」には、水害をさける「水除け」の願いとともに、「雨乞い」の願いも込められたのである。

すでに述べてきたように、高田輪中は水に囲まれていながら乏水地であった。宝塔様や鶴瀬の一字一石塔をみると水害を避ける意味合いが強いように思うが、水を得たい思いもこの塔には込められているのである。

【写真22】関門の大乗妙典一字一石塔

第四章　輪中の近代

日本の近代は、どこからはじまるのか？諸説あろうが、現在使用されている高校日本史の教科書では、概ねペリー来航をそのはじまりとしている。高田の常行村に生まれた毛利空桑《もうりくうそう》は、幕末から明治維新を経て明治に生きた儒学者・尊王攘夷論者である。毛利空桑と関わって、幕末維新の政局にわずかに高田の郷士たちが姿をみせる。

その後、日清・日露の両対外戦争で、日本はいずれも勝利したものの、国民は膨大な戦費を背負うことになる。日清戦争で日本は、清国から膨大な賠償金を得たものの、そのほとんどは軍事費に消えた。国民は度重なる増税に苦しんだ。

日露戦争後、政府は疲弊した農村の立て直しに着手する。明治四一年（一九〇八）、第二次桂内閣は、勤倹節約と皇室の尊重を国民に求める戊申詔書《ぼしんしょうしょ》を渙発した。これに基づいて翌年から、地方改良運動がはじまる。これは増税によって荒廃した地方を再建するための国家的運動で、明治四二年（一九〇九）に行われた地方改良事業講習会にちなんで「地方改良運動」といわれた。この地方改良運動の実施過程で、全国的に『郡是《ぐんぜ》』『町村是《ちょうそんぜ》』が作成された。これは統計によって町村勢の現況を確認し、町村再建の目標を立てさせるものである。高田村においても『大分郡高田村是』が作成された。この『大分郡高田村是』と『高田村志』などによって、明治末年から大正期の高田村の状況をみてみたい。ここで紹介する高田村の近代は、地域によって差はあるにせよ、全国の村々の縮図でもあった。

毛利空桑《くうそう》の思想と行動

幕末、高田が生んだ「先哲」に毛利空桑がいる【写真23】。毛利空桑は、高田の常行村の人である。今から四〇年近く前、筆者は常行の毛利空桑の墓を訪ねている。まだ学生の頃で、毛利空桑関連の史料収集のため、大学のゼミの恩師と学生数人で訪れた。この時の調査では、まだお元気だった故毛利弘氏のご自宅に数日間宿泊させていただき調査にあたった。このご自宅が、実は毛利空桑の居宅天勝堂《てんしょうどう》であった。天勝堂とならんで、空桑の私塾知来館《ちらいかん》も並んで建っていた。ただし、この天勝堂と知来館は、高田の常行ではなく鶴崎七軒町（大分県立鶴崎高等学校南）にある。現在も毛利空桑遺品館横に、二棟は保存されている（遺品館、天勝堂、知来館をあわせて毛利空桑記念館という）。江戸時代の儒学者の居宅と私塾の建物が、そろって残るのは極めて珍しいとされる。

【写真23】毛利空桑像
（毛利空桑遺品館前）

さて空桑は、寛政九年（一七九七）、大分郡常行村に生まれた。名は倹《けん》、字《あざな》は慎甫《しんぽ》、通称は到《いたる》、空桑は号である。父は毛利太玄《たいげん》（一七六一～一八三五）、母は阿秀《おひで》。父太玄は一四歳で熊本に行き、医学を修めた。一五で帰郷し、三浦梅園の門に入る。また、脇蘭室《わきらんしつ》（速見郡日出《はやみぐんひじ》、現日出町生まれの儒学者で、後年は鶴崎で私塾をかまえ熊本藩士子弟の教育にあたった）や帆足万里《ほあしばんり》（日出藩の儒学者。三浦梅園、広瀬淡窓とともに豊後三賢のひとり）とも親交が深かった。空桑も脇蘭室、帆足万里に就き儒学を学んだ。その後、文政二年（一八一九）には熊本に出て大城霞坪《おおきかへい》（熊本の藩校時習館の助教）、文政五年には福岡の亀井昭陽《かめいしょうよう》（福岡藩の儒学者。亀井南冥《なんめい》の子）に師事した。空桑は熊本遊学中、儒学ばかりではなく、剣術や槍術、居合術や砲術などの武芸の修行にも励んだ。空桑は体は小さかったが、常に四尺三寸（約一二九センチ）の「長剣」を帯びていて、「長剣公」とあだ名された。その居合術の腕前は秀でていたらしく、福岡滞在中には暴徒に囲まれた師亀井昭陽を救っている。空桑は生涯にわたり鍛錬を続け、寝るときは敷き布団を用いず、寒中に足袋をはかず、酒を飲まず、冷水浴を欠かさなかったという。

空桑の思想は難解だが、鹿毛基生《かげもとお》は、「古文辞学《こぶんじがく》・蘐園詩文《けんえんしぶん》・儒家神道《じゅかしんとう》・尊攘思想《そんじょうしそう》」の四つの柱で空桑の思想を分析、解説している（『郷土の先覚者シリーズ第九集』）。詳しくは、鹿毛の著書に譲るとして、ここでは簡単な説明にとどめる。

古文辞学とは儒学のうち、朱子学を批判し孔子・孟子の教えを重視した古学派のひとつで、荻生《おぎゅう》徂徠《そらい》が唱えた。蘐園詩文とは、同じく荻生徂徠の蘐園学派が漢詩を重んじたことをいうが、空桑もまた漢詩をよく詠んだ。従って、空桑の儒学は徂徠の流れを汲むものである。次に儒家神道とは、儒学者の多くが仏教を排し、神道に傾倒したことをいう。さらに儒者の一部は、この神道から国学に接近する者もあった。尊攘思想とは尊王攘夷思想のことで、空桑はさきの神道思想と尊王攘夷論を結びつけ、独自の国体観（天皇中心の国家、すなわち天皇制を理想とする考え）を唱えるにいたる。空桑の思想の四つの柱は、最終的にはこの国体論に収斂する。

空桑独自の国体論は「三圏図」によって、分かりやすく説かれたという。空桑は三重丸を描き、小圏は士民、中圏は幕府（将軍）・諸侯（大名）、大圏は天朝（天皇）で、天朝がすべてを包摂するとする。空桑は強烈な天皇崇拝者であり、攘夷論者だった。こうした考えを持つ空桑のもとには、豊後国内外から尊王攘夷を唱える、いわゆる志士たちが集まって来た。空桑もまた自ら彼らと交わり、尊王論を積極的に広めようとした。『大分県偉人伝』では、空桑は「志士」の項で扱われている。空桑の尊王攘夷論者としての交遊は、広範にわたった。ペリーがやってきた嘉永六年（一八五三）には、吉田松陰も空桑のもとを訪れた。多くの志士たちとの交遊の背景には、鶴崎や乙津という、本書で何度も登場する港の存在が挙げられる。

明治三年（一八七〇）、長州の奇兵隊脱隊騒動（奇兵隊脱隊兵士の反乱）で首謀者の嫌疑をかけられたため山口を脱出した大楽源太郎《だいらくげんたろう》（長州藩士、尊王攘夷論者）が、鶴崎に逃れてきた。大楽は、旧知の高田源兵衛《たかだげんべえ》（河上彦斎ともいう。熊本藩士、尊王攘夷論者）や空桑を頼って鶴崎に来た。大楽は国東半島沖の姫島（現東国東郡姫島村）を経由して鶴崎に来たのだが、鶴崎は長州にも近かったのである。空桑は大楽らを一時匿《かくま》ったが、のち熊本藩から処罰される。

空桑と知来館・成美館

話は前にもどる。毛利空桑が熊本・福岡での遊学を終え、高田の常行村に帰ってきたのは、文政七年（一八二四）のことであった。この時空桑は、すでに二七歳であった。空桑はさっそく、母屋とは別に新屋を設け、これを知来館と名付け私塾を開いた。ここで教育者としての空桑の人生がはじまった。この常行村での教育は、約一〇年間続いたが、高田在住の塾生も多かったものと思われる。天保五年（一八三三）、鶴崎番代のすすめで一時鶴崎の国宗村に塾を移した。その後、常行村、別府（現別府市）、伊予三島村（現愛媛県四国中央市）、横田村（現大分市横田）などへ移転しながら、

【写真24】居宅天勝堂

子弟教育を続けた。この間、空桑の名声を聞き、姫路藩が空桑を迎えようとしたが、熊本藩がこれを許さなかった。再び鶴崎番代に召し出されて、現在の七軒町に家塾を構えたのが、安政四年（一八五七）のことであった。この時空桑は五人扶持、中小姓格《ちゅうこしょう》（侍と足軽の中間）となり、一一八坪の土地と建築料として一貫五〇〇目（一五〇〇文）を与えられた。こうして現在も残る居宅（天勝堂）【写真24】と家塾（知来館）【写真25】が設けられた。

知来館の教科は、文科と武科に分かれていて、文武両道を修めることが教育の目的であった。知来館は総二階造りで、一階は塾生の生活の場で、講義室は二階の広間であった。毎日の日課は、朝講（午前六時から八時まで）と午講（午前一〇時から一二時まで）があり、午後からは空桑による武術指導が行われた。またこのほかに、夜講も行われた。『空桑全集』巻末の門人名簿には、八九〇人の氏名と出身地が収められているが、実際の門人数は一〇〇〇名を超えるといわれる。門人は豊後国内一円、豊後国外では熊本・愛媛が多く、中国・四国・近畿地方からも数名が入門している。

知来館の運営が軌道に乗りはじめた頃、空桑は熊本藩に対し、鶴崎に郷校《ごうこう》を設ける必要を建議した。これを受け熊本藩は万延二年（一八六一）、郷校成美館《せいびかん》を設けることになった。熊本藩の郷校とは、他国の飛び地に設けられた藩校に準ずる、藩士子弟の学校である。豊後国内では、鶴崎より先

【写真25】家塾知来館

に久住と野津原に郷校が設けられていた。空桑はそのことも知っており、人口稠密《ちゅうみつ》な鶴崎にも郷校を設けるべきだと進言したのである。成美館は文久二年（一八六二）、鶴崎の御茶屋内に設けられた。成美館の設置は、学問の向上は勿論、鶴崎の海防を強化する目的もあった。成美館の定員は一五〇名、教官は九名で豊後国内の三郷校の中では最大であった。空桑自身は成美館の番頭となり、知来館の運営と並行して、藩士教育にも務めることになった。

空桑と清寧隊《せいねいたい》

ところが、空桑の行動はこれに留まらなかった。空桑は、洋式軍隊の設立と洋式操練場（観光場）の設立にも関わるのである。洋式操練場の観光場は、慶応三年（一八六七）に寺司浜《てらじはま》に設けられた。空桑は観光場の「取扱役」となって、俸禄も加増されている。翌年には熊本の演武所から教官を招いて、イギリス式銃隊の訓練をはじめている。鶴崎番代と郡代は、近隣の郷士たちにも参加を呼びかけ、当初二小隊が編成された（熊本藩の郷士制度については後述）。ところがその後も多くの郷士が呼びかけに応じたため、郷士隊は別に分離され、清寧隊と称することになった。そしてこの清寧隊の操練場が、高田輪中の上徳丸近くの河畔（大野川の河川敷）に設けられたのである。こうして高田の大野川の河畔は、洋式軍隊の操練場となり、「清寧場」と称することになった。高田にこうした演習場が設けられたのは、鶴崎の隣接地であったからであろう。それとともに多くの高田の郷士たちが、清寧隊に参加していたからだと思われる。

『高田村志』にも古蹟として、「清寧場」が紹介されている。それによれば、「幕末に上徳丸の河原、関門浜の両所を清寧場とよんだ。これは明治元年正月、熊本藩演武所を鶴崎に置き、各手永の郷士および応募の農兵をもって、兵隊を組織し、英国流の調練を開始するにあたり、わが高田隊の練兵場であった。その練兵場を清寧場と称したのは、清寧隊の名称に由来する。幕末当時、両所の風景は今と異なり、関門浜は一面芝生で射的場も設けられた。上徳丸の河原には、松林があった」という。郷士はともかく、清寧隊に「応募の農兵」が組織されていたことが確かならば、大いに注目される。現在も上徳丸付近の河川敷、関門付近の河川敷ともに、かなりの面積がある。じゅうぶん軍事教練をするだけの広さがある。しかし現在は、その大部分が雑木や雑草に覆われている。

さて、洋式操練場（観光場・清寧場）に付随して、兵学を専門に教授する有終館《ゆうしゅうかん》も設けられた。有終館は明治二年、鶴崎橋の下流付近に学舎が設けられた。有終館は、空桑と高田源兵衛が図って、熊本藩に設立を建議した。有終館の設立とともに、すでに編成されていた各隊をいったん解散し、新たに二大隊、九小隊、一大砲隊が編成された。この九小隊の内訳は、鶴崎隊六、高田隊一、野津原隊一、佐賀関隊一である。こうして、高田輪中に住する郷士による小隊が、正式な熊本藩の部隊として編成されたのである。

高田常行村の毛利空桑が知来館を設け、さらには洋式軍隊の設立を熊本藩に働きかけ実現した。

高田の人びとは知来館に学び、そして洋式軍隊の操練に参加し、のち高田隊が編成された。高田の郷士たちが、毛利空桑を介して幕末の歴史にわずかに顔をみせている。

日本国儒者毛利到

本書の目的からすれば、これ以上毛利空桑について述べることは必要がないと思いつつも、成り行き上、空桑の晩年に少し触れておきたい。

有終館は、空桑と高田源兵衛（河上彦斎《かわかみげんさい》）らが協力して設立したことはすでに述べた。高田源兵衛は熊本藩士で、狂信的な尊王攘夷論者であった。元治元年（一八六四）には、開国派で知られる松代《まつしろ》藩士佐久間象山《しょうざん》を、同志とともに京都で暗殺したことで知られている。巷では、「人斬り彦斎《げんさい》」とも呼ばれた。有終館は設立されたものの、その運営の主導権は、次第に高田源兵衛や木村弦雄《きむらつるお》らの本藩の藩士らの手に握られる。そして高田らは有終館を拠点に、熊本藩の意向を無視して、豊後七藩連盟を結成させようと画策する。未だ攘夷を貫こうとする高田・木村らは、この七藩連合を反政府の拠点にしようとしたのである。しかし大楽事件によって、この画策は計画倒れとなる。有終館が高田ら主導で反政府の拠点になりはじめるに従って、空桑との間にも距離が生まれはじめる。明治政府も、高田や有終館を危険視するようになり、その解散を熊本藩に促した。空桑自身も大楽事件で熊本藩の処罰を受けている。こうして有終館は、明治三年七月に解散させられた。

維新後、いわゆる多くの志士が、攘夷論をすて開国論に転じていく。しかしかたくなに攘夷を唱え続ける者もいた。高田源兵衛や大楽源太郎、そして空桑もその一人であった。高田や大楽は、反政府運動家として明治政府に追われまたは捕らえられ命を奪われた。空桑が同じ運命を辿ることはなかったが、大楽事件では三度にわたり熊本藩の取り調べを受け、厳しい処分を受けた。時に空桑、七五歳であった。明治一〇年の西南戦争においては、鶴崎にいた豊後口警視隊が薩軍の一隊に襲撃され、警視隊数名が死亡するという事件が起き鶴崎町は動揺した。しかし空桑は、泰然自若としていたという。自由民権運動の高揚に際しては、空桑はその弊害を嫌い、鶴崎に天壌社《てんじょうしゃ》を設立した。その趣意書には、「今日、異端左道（正しくない思想）が舶来し、国の安全を妨害し、民の凋落を招いている。甚だしいものに至っては、万世不朽《ばんせいふきゅう》・金甌無欠《きんおうむけつ》（朽ちたことのない欠けたことのない）国体（天皇中心の国家＝天皇制）を乱そうという徴候すらある」とある。「異端左道」が、西洋からもたらされた「自由民権」思想を指していることはいうまでもない。それとともに天皇崇拝・天壌無窮の国体論者たる空桑の思想は、明治維新をはさんでも少しもぶれない。明治一七年（一八八四）一二月、空桑は八八年の生涯を閉じた。

【写真26】空桑夫妻の墓

　空桑の墓は高田の旧常行村にある。墓石には「日本国儒者毛利到墓」とある【写真26】。また大分県立鶴崎高等学校の南方に隣接して、毛利空桑遺品館が設けられて、空桑の業績や人となりを伝えている。

高田村の沿革

明治末年の高田村に行く前に、『高田村志』『続高田村志』によって、明治以降の高田村の沿革を見ておきたい。明治元年（一八六八）七月、江戸は東京と改められ、翌月明治天皇が即位した。九月、元号が明治に改められた。明治二年、鶴崎郡代緒方加左衛門が庄屋を通じて、管下の領民に対し王政復古と維新の趣旨について告諭する。明治三年、近世以来の高田手永惣庄屋（この時岡松俊助）が職を免ぜられ、新たに里正《りせい》（のちの村長）がおかれた。明治四年七月、廃藩置県が断行され、旧藩主の藩に対する領有権が否定され、徴税権や軍事権は明治政府が強制的に吸収した。廃藩置県は、明治政府による一種のクーデターであった。この時旧高田手永は、一時的に熊本県の管下に編入されたが、一一月には大分県となった。

明治五年（一八七二）一二月二日、大分郡庄内谷（現由布市庄内町）において党民が蜂起し、沿道の農民を糾合しながら県庁のある府内（現大分市）に迫った。一揆勢の要求は、民費の軽減に関するものが中心で、新政反対一揆的性格が強かった。この時一揆勢は、大分県令（のちの県知事）森下景端《かげなお》の居宅を襲うなどした。この影響は高田村にも及び、「一揆に参加しなければ焼き打ちにされる」という流言に村びとは動揺した。そしてついに一揆に加担することに決する。このとき村役人が村びとを制止しようとしたが、聞き入れられなかった。村びとは手に手に竹槍や刀をもって、県庁のある府内の旧城下に押しかけた。しかし、この時すでに党民は退散していた。一揆は、府内（府内藩）・鶴崎（熊本藩）・三佐（岡藩）・臼杵（臼杵藩）の旧藩兵の手で三日までに鎮圧された。高田の村びとの中には、ここで召し捕らえられる者もいて、彼らは這々の体で帰村した。のち参加者たちは取り調べを受け、一戸金一分ずつの科料が科せられたという。この一揆は、大分郡（現大分市）から大野郡（現豊後大野市）・海部郡（現臼杵市）・直入郡（現竹田市）におよんだため、「県中四郡一揆」とよばれる。県当局は厳罰主義で臨み、死刑四人を含む二万七九一三人を処罰した。なお一揆勢の中には、士族や卒族（もと武士）三一二人がいたことは注目される（『大分歴史事典』）。

大区小区制に基づいて、明治六年三月、高田は「第三大区十一小区」となった。南村に用務所（役場）が置かれ、区長が村政を運営した。区長の下には戸長、さらに保長がおかれ村政を補佐した。しかし行政上の都合から実施された大区小区制は、従来の地縁などを考慮せず機械的に行政区を設定したため、当初から批判が多かった。そのため明治八年、大分県は小区の区画変更を行うとともに、従来の小町村を統廃合（合併）した。この結果、高田は鶴瀬村・丸亀村（上徳丸村と亀甲村が合併）・下徳丸村・南村・常行村・関園村（関門村と堂園村が合併）の六ヶ村となった。この明治八年の町村合併は、地租改正事業にともなうものであった。大分県では明治八年を中心に地租改正を行っているが、町村合併は小町村を統合することにより、人件費・学校費・土木費、さらには地租改正事業に関する費用の削減をはかる目的があった。

波奈之丸《なみなしまる》と常行村首藤家

近世から近代へ、激動の明治維新で運命を翻弄されるのは、人だけではない。ここでは熊本藩主の御座船《ござぶね》、波奈之丸の船屋形について触れておこう。波奈之丸の船屋形（国指定重要文化財としての

【写真27】細川侯参勤交代船隊鶴崎入船絵馬（左手の一番大きい船が、波奈之丸。鶴崎劔八幡神社所蔵）

正式名称は「細川家波奈之丸舟屋形」という）は現在、熊本市の熊本博物館に保存、展示されている。この船屋形はもともと熊本城で展示されていたが、平成二八年（二〇一六）の熊本地震による熊本城の破損により、熊本博物館に移された。なお「波奈之《なみなし》」とは、「波之《なみこれ》を奈《いかん》せん」と訓読し、「この船は、どんな大波にもびくともしない」という意味で、第五代藩主細川綱利が命名したという。

波奈之丸は、江戸時代に熊本藩主が参勤交代の際に使用した和船である【写真27】。熊本藩主は参勤交代に際して、鶴崎または豊前国小倉（現北九州市北区）、あるいは豊前国大里《だいり》（現北九州市門司区）から船で瀬戸内海を大坂（のちに播磨国室津、現兵庫県揖保郡御津町）へ向かった。この瀬戸内海航路の船旅は、約一〇日間であったという。

いま、熊本博物館に保存されている波奈之丸（屋形部分のみ保存されている）は、天保一〇年（一八三九）に建造された。江戸初期の波奈之丸から数えて、六代目にあたる（七代目とする説もある）。波奈之丸本体の大きさは、大櫓《おおろ》四六挺《ちょう》立て（九二人漕ぎ）、全長約三〇メートル、肩幅約七メートル、深さ約二メートル、四二〇石（約七五トン）積であった。甲板上部は展望のため、総矢倉《そうやぐら》で囲まれていた（熊本博物館波奈之丸船屋形解説パネルによる）。

江戸時代の参勤交代は、幕末の文久二年のいわゆる「文久の改革」でその制度が大幅に緩和された（交代の頻度を三年に一回とした）。さらに元治元年（一八六四）の禁門の変（蛤御門の変）とよばれる、長州藩と幕府・薩摩・会津藩の武力衝突以降、有名無実の状態となり、慶応三年（一八六七）の大政奉還によって、制度的に廃止された。

波奈之丸は、廃藩置県が断行された明治四年（一八七一）に廃船とされた。『高田村志』には、高田村常行の首藤家に保存されていた当時の波奈之丸について、次のような記述がある。「船体はすべて、日向産の『樟材』を使用していた。船屋形は上の間、下の間から成っていた。おのおの縦九尺（約二・七メートル）、横およそ一丈（約三メートル）の広さだった。上の間が、藩主の起居する部屋であって、高さは五尺六寸（約一七〇センチメートル）で、下の間は上の間より一尺三寸（約四〇センチメートル）低かった。下の間は、側近の控えの間であった。上下の間とも天井は黒漆で塗られた格天井《ごうてんじょう》（貴賓室に設けられる格子状の天井）で、細川家の九曜紋の金具を使い、それぞれの格子の中には草花の彩色画が描かれている。その金碧燦然たる様子は、さすがに五四万石の大藩の面影をしのばせる」、「本船は旧藩時代には鶴崎の大野川『新堀の船入』に繋留《（ママ）》されていたが、明治維新後払い下げられることになった。そこで高田村常行の素封家首藤長次郎が金一〇〇〇両で購入しその私有となった。その後波奈之丸は、鶴崎から乙津川をさかのぼって常行の『関戸の下』まで行き、ここで解体された。ただし、屋形部分は記念としてそのまま首藤家の敷地内に保存されることになり、今日にいたり旧観を維持している」と。

首藤家については、すでに述べたが、この波奈之丸について、現首藤家当主の首藤規行氏は、伝聞に基づいて次のように述懐されている。「（廃藩置県の）その時に、我が家の八代目の首藤長治郎が、当時のお金で一千両で購入したといわれております。常行の田舎の庄屋でございますので、大判小判ザクザクというわけじゃなくて、一文銭を集めて背中に乗せて、肥後まで運んだといわれております。（中略）解体した船を我が屋敷に持って来るわけでございますけれども、長さ三三m、幅が七mの船を持って来てもどうしようもありませんので、如何したかとかというと、大体船の中心部分、藩主が居間として使用していた部分、これを船屋形というんですが、船屋形だけを家の倉庫のなかに搬入して保存管理をしていたところでございます。（中略、高田は）非常に湿気の多いところだということでこのままだとなかなか保存も難しいだろうということで、私の祖父も大正一〇年に『波奈之丸』を熊本に返却しようと計画したわけでございます（後略）」と（『第一回日本世間遺産学会inたかた』）。

『高田村志』は、大正九年（一九二〇）に刊行されている。その時点では、波奈之丸はまだ高田村常行の首藤家に保存されていた。熊本博物館によれば、波奈之丸の船屋形が細川家に返されたのは大正一〇年（一九二一）年であった（現在、船屋形は永青文庫所蔵で熊本博物館受託となっている）。波奈之丸は廃船となり首藤家に引き取られてから約半世紀もの間、首藤家に保存されてきたのである。波奈江戸時代の旧大名家の御座船は、ほとんど残されていない。そのため波奈之丸の船屋形は、国指定の重要文化財に指定されている。筆者は、この波奈之丸を「金千両」引き取り、半世紀ものあいだ自家で保存してきた首藤家の役割（貢献度）をもっと評価すべきではないかと思う。

高田村の成立

明治の町村大合併は、明治二二年（一八八九）四月一日に行われた（施行）。合併に先だち明治二一年から、大分県は「独立自治ニ耐ユル」資力を持つ有力町村の編制にとりかかった。その規模は、従来の町村を合併し三〇〇～五〇〇戸内外とするものであった。町村合併については、水利権や入《いり》会《あい》権をめぐって異議を唱える村々もあったが、合併は強行された。「新町村区域」は一四町二六五村にまとめられたが、一町村あたり五五五戸であった。全国平均が四九〇戸であったから、大分県の町村の規模が若干大きかった。各旧村には民情を配慮して、住所に「大字」として旧村名を残した。これにより、従来の共同体的町村から行政町村が成立した。この町村域は、昭和二八年（一九五三）の町村合併促進法による合併まで、六〇年あまり存続する。

この明治二二年の大合併によって、高田村が成立した。町村合併を伴う市制町村制は四月一日に施行され、初代高田村長に中村黙二が就任した。四月二〇日から一〇日間、若宮八幡の開扉が行われ、旧村ごとににわかや狂言、さらに山車引きが行われ、たいへんな賑わいであったという。五月一五日、興聖寺に初めて高田村議会議員が召集された。このときの議員定数は一二名であった。第一回村会は、翌年二月二七日に開かれた。

日清・日露戦争と高田村

明治二七年（一八九四）、朝鮮では減税と排日を朝鮮政府に要求する農民の反乱がおこった（甲午農民戦争）。朝鮮政府はこれを鎮圧するため、清国軍に派兵を要求した。清国は天津条約に従い、日本に事前通告し派兵を行った。日本もこれに対抗し、朝鮮へ派兵した。日清両国は、朝鮮の内政改革をめぐって対立を深め、交戦状態に入った。同年八月、日本は清国に宣戦を布告し、日清戦争がはじまった。高田村から日清戦争に出征したのは、三一人であった。幸い戦死者はなかったようだが、戦病死者が一名でている。明治二九年（一八九六）一〇月一九日、大分連隊区司令官を招いて「征清軍凱旋記念碑」落成式が挙行された。同日夜には興聖寺において、日本赤十字社の幻灯会も行われた。日清戦争以降、全国各地で戦争記念碑が建てられるようになるが、日清戦争関係の記念碑は少ない。この時の凱旋記念碑は、現在も若宮八幡の境内に建っている。

日清戦争後の下関条約で、日本は遼東半島、台湾、澎湖《ほうこ》諸島を獲得した。しかし、ロシアはドイツとフランスを誘い、遼東半島を清国に返還するよう迫る。日清戦争直後でロシアの要求を拒否できない日本は、遼東半島を返還せざるを得なかった。清国に返還された遼東半島は、その後ロシアの租借地となった。政府と国民は、「臥薪嘗胆《がしんしょうたん》」を合言葉に来たるべき対露戦に備えることになる。明治三三年（一九〇〇）の北清事変を機に、ロシアは満州を事実上占領し、隣接する朝鮮にも影響力を及ぼしはじめた。朝鮮ではすでに親露政権が成立して、国号を朝鮮国から大韓帝国と改めた。こうして日露の対立は決定的となった。明治三五年（一九〇二）、日本はイギリスと軍事同盟を結び（日英同盟）、対露戦に備えた。

明治三七年（一九〇四）二月、日露戦争がはじまった。この戦争を通じて高田村からは、八一名が出征した。同年一〇月一八日、鶴瀬の一乗寺前において、村から出征した兵士のうち戦死した二名の「村葬」が行われた。おそらく高田村ではじめての村葬であった。明治三八年には、さらに二名の戦病死者の村葬が行われた。同年九月、日露両国はアメリカ大統領の斡旋で、ポーツマス条約を結び、戦争は終結した。明治三九年三月、高田村では高田村凱旋軍人の歓迎会が盛大に開催された（『高田村誌』）。

地方改良運動

冒頭で触れたように、日清・日露のふたつの対外戦争に勝利し、わが国は一等国に登りつめた。いっぽう戦争による国民の負担は大きく、特に農村はその負担に耐えかね疲弊した。農村では国家的利益よりも、地域社会の利益を優先する傾向が現れた。また、思想的には個人主義の台頭、享楽主義的な傾向もみられるようになった。政府は、このような思想状況と農村の疲弊に対処する必要に迫られた。明治四一年（一九〇八）、政府は勤倹節約と皇室の尊重を求める戊申詔書《ぼしんしょうしょ》を発した。戊申詔書は、列強の一員たる大日本帝国を支える国民意識と国民道徳を強化しようとするものであった。

この戊申詔書の理念に沿って、疲弊した農村を再建しようとしたのが、地方改良運動であった。この運動は内務相が中心となって、道府県以下の「自治体」を総動員して進められた。この運動の目的は、疲弊した自治体の財政再建と農業振興、民心の向上などであった。しかし有り体にいえば、戦争で衰えた「地方自治体」の租税負担能力を回復させることにあった。地方改良運動は、地方官吏や有力者を中心に推進されたが、運動の「実行部隊」は各地の青年会などであった。具体的には、町村の基本財産の形成、勧業の推進、勤勉貯蓄、教育の振興などが図られた。また思想、精神面においては、この運動を通じて報徳思想（報徳の教え）が国民に浸透していった。報徳思想とは江戸時代、二宮尊徳の農村立て直しの実践から得られた教えである。ごく単純化していうならば、勤勉に黙々と働き、利益は蓄えて贅沢を慎しむならば、必ず安定した生活が得られるというものである。

大分県における地方改良運動

日清・日露戦争をはさむ明治後半の増税はすさまじい。明治二二年（一八八九）を基準とした大分県の租税総額は、日清戦争後から増加をはじめ、日露戦後の明治四〇年（一九〇七）には三倍になっている。租税総額のうち、市町村税はこの間一〇倍となっている（『大分県史近代篇Ⅱ』）。別の数字を見てみよう。大分県では、国税滞納者のうち財産差押人員は、明治三三年（一九〇〇）には二六六人であったものが、三年後の明治三六年には二二六八人に増加している。わずか三年間に国税滞納者が、何と九倍になるという深刻な事態であった。

このような状況に対処するため、大分県ではすでに日清戦争後に地方改良運動の萌芽がみられる。大分県は、明治三六年九月に「模範町村規程」を定めた。これは行政および財政事務の整理などによって財政基盤が確立し、他町村の模範となる自治体を「模範町村」に指定して表彰するというものであった。県内各町村はどこも模範町村をめざすことになったが、町村側からすれば「過酷な競争」に他ならなかった。

地方改良運動のうち『町村是《ちょうそんぜ》』の編纂・作成は、この運動の重要な一環であった。大分郡役所は明治四一年（一九〇八）七月、県下町村役場に対して『町村是』作成の訓令を発した。これは明治四二年段階の町村の現状を把握し、それに基づいて将来の発展目標を策定させるものであった。

『大分郡高田村是』「緒言」

『大分郡高田村是』（以下、『高田村是』）も、明治四五年（一九一二）二月五日付で発行された。『高田村是』は、当時の高田村長中村四郎の「緒言」ではじまる。「緒言」には、村是作成の趣旨と意義が述べられている。

「緒言」はまず、「回顧すれば町村制度の実施以来二十有余年の春秋を経ている」が、「自治の施設経営に至りては、今猶《なお》望洋（ママ）」としている、という。望洋とは茫洋と同義で、「みきわめができないでいる」という意味であろう。いいかえれば、地方自治の「名有りて」「其実なきに等し」い。そこでまず、「一村団結の基礎を鞏固《きょうこ》」にして実績をあげなければならない。そのためには、「一定不変の経綸」がなくてはならない、という。ここでいう「経綸」とは、村の再建・発展のための目標と方法である。その経綸を得るために『村是』を作成する、という。

「緒言」の最後は、「入を量りて出を制するは経済の要旨たり、一村よく此冊子（『村是』）の示す所に鑑《かんが》み利用厚生の路を実践せば一家を利し一村を益すると共に国家富強の基礎たらんこと疑なき」ことである、と。

現況之部「総論」

『高田村是』は、大きく分けて「現況之部」と「将来之部」に分けられる。「現況之部」が、村の現状分析にあたる。「現況之部」は、「総論」からはじまるが、この「総論」に大まかな「村のかたち」が述べられている。「総論」を要約してみる。

高田村は大分郡の東部にあって、大野川と乙津川に挟まれ、全く丘陵がない。川を隔てて東は川添村、西は別保村、北は松岡村、南は鶴崎に隣接している。地形は楕円形で、東西およそ一三町（一・四キロメートル余）、南北およそ二五町（二・七キロメートル余）で、面積は三五八町七反八畝余（三五五ヘクタール余）である。（中略）多くは農業を生業としている。いったん大野川が氾濫すれば、村内の家屋は挙げて浸水し、農作物への被害も少なくない。しかし治水事業などによって、耕地が荒れ果てることは少なかった。地味は沖積土であるから、全村肥沃である。気候は酷暑にあっては三四～三五度、極寒においては、零下三～四度である。道路は縦横に走り、馬車も走るため不便ではない。産物の第一は裸麦であるが、第二の蚕繭と伯仲している。その他は、牛蒡、小麦、陸米、大豆、大根、青苧、粟、甘藷、茄子の順位である。工業品は、鍛工類（鍛冶業）と清酒（酒造業）のほかはみるべきものはない。人情は一般に礼節を重んじ、質素勤勉の美風は、大分郡内の他の町村に遜色はない。（後略）

短い文章で、高田村（高田輪中）の特徴を端的に述べている。注目されるのは第一に、たびたび洪水に見舞われるが、土壌は肥沃であること。第二に、農業主体の村であること。第三に、農産物は裸麦と繭が伯仲していること。第四に、工業では鍛冶業が盛んであること。第五に、水田がほとんどないこと。第六に、農業に資する山林がないことなどである。将来にむけての高田村の発展には、このような特徴を考慮しなければならなかった。

「現住」戸数と人口の減少

『高田村是』に掲載されているデータは、すべて「明治四十二年十二月末日現在」である。明治四二年の高田村の現住戸数は四三七戸、人口は三一〇〇人（男性一六〇五人、女性一五九五人）である。『高田村是』では、この数字と「過去七ヶ年」を比較しているが、戸数で五七戸、人口で二八三人減少している。何と戸数、人口とも約一割減少しているのである。日本の明治初年の人口はおよそ三三〇〇万人で、明治末年には約五〇〇〇万人である。明治期、わが国の人口は急速に増加した。だから高田村の人口減は、「異常」だといえる。人口減について、『高田村是』は次のような理由をあげている。

このように戸口（戸数と人口）が減少する本村は、「四周」を「河流」に包囲されているため「水害地」である。そのためこれを嫌って移住するものが多い。また出稼ぎに出る者が年々増えている、と。現住戸数と現住人口の減少の理由として、「水害地」であることと出稼ぎの増加をあげている。ただし、このふたつの理由の関連については、『高田村是』は触れていない。しかし、これはおそらくコインの表裏であろう。そして人口の減少傾向は、高田村の発展にとって、不安要素と認識されたであろう。

次に職業別の人口であるが、専業・兼業をあわせた農業戸数が五四九戸（全体の九〇パーセント）、次いで商業戸数が二六戸（四・三パーセント）、三位の工業戸数が六戸（一パーセント）となっている。先の現住戸数より戸数が多いのは、兼業を重複してカウントしているからである。それでも、高田村の職業別人口の特徴は把握できるであろう。その特徴とは、農業を営む者が九〇パーセントに達する典型的な農村だということである。農業に次ぐのは商業だが、わずか四・三パーセントしかない。

不均衡な土地所有

『高田村是』には、全世帯の農地所有状況のデータがある（ただし、村外に所有する田畑も含まれている）。高田村には、田地はほとんどないから、畑の所有状況をみてみる。そうすると「所有なし」から「五反以下」が二九七戸で全体の六八パーセントに達する。また『高田村是』によれば、高田村での畑地の平均所有面積は、六反五畝二一歩であるが、この平均面積以上の畑地を所有する世帯は八五戸（一九・五パーセント）に過ぎない。八割は、平均以下である。わずかな富裕層に土地が集中している。この状況を『高田村是』は、「高田村においては、富者は概ね畑を小作に貸与して小作料を取っている」。「富者」である地主の多くは、「資本を商業に投じ自らも商売を営んでいる」という。

土地所有についてみれば、明らかに不均衡で両極分解しているといえる。また多くの農民が、零細経営を強いられている。しかし、「これは地理上自然の趨勢から生じたもので、敢えて弊害とは認められない。小作者といえども、勤勉力行の美風があるので、甚だしい生活難の者はない」としめくくっている。「地理上自然の趨勢」とは、やはり洪水にたびたび見舞われて家財を失うことをさすのだろうか。ただここで筆者は、あの「報徳思想」を想起せざるをえない。小作人であっても「勤勉力行」さえすればけっして生活難には陥らないというのだが、これは結局、貧困は個人の問題であるというに等しい。

なお四三七戸の農家のうち、自作八九戸、小作一三〇戸、自小作一九九戸、否耕作者一九戸である。農家の三割が小作人で、自小作を入れれば、四分の三が小作を行っている。実はこの状況を『高田村是』「将来之部　総論」では、「財産の偏重」によって「下流の細民」が村の多数を占めていると、述べている。「勤勉力行」によって生活難は克服できるとはいいながら、やはり村の状況としては楽観できないことを認識している。

養蚕業に特化

『大分県政史（県勢篇）』に明治期の大分県農産物の構成比があげられている。それによれば明治四〇年（一九〇七）は、米、麦などの「主穀」が八三・一パーセントを占め、主穀以外でそれに次ぐのは「マユ」が四・二パーセント、七島藺《しっとうい》（七島という畳表の原料）が三・五パーセントである。

いっぽう、高田村の農産物生産額（明治四二年）をみると穀物の割合が最も大きいが、三八・五パーセントで四割に満たない。大分県全体では八割を超えているから、比率ではその半分以下である。ところが、穀類に次いで二番目に大きいのが、養蚕類の二六・八パーセントである。これはまた対照的に大分県全体の四・二パーセント（明治四〇年）に比べれば、異常に大きいといえる。これは高田輪中がほとんど畑作地であること、洪水でも桑畑は比較的影響が少なかったこと、村の指導者が養蚕業を積極的に普及させたことなどによる。ちなみに養蚕類についで三位は、蔬菜類となっていて、これも二〇パーセント近くある。蔬菜類のなかで生産額がいちばん多いのはやはり牛蒡で、青苧《あおそ》（麻）、大根とつづく。ここには、江戸時代以来の高田輪中の農業の伝統をみることができる。

養蚕の沿革

『高田村志』によって、高田村の養蚕業の発展についてみてみたい。江戸時代中期、熊本藩では藩主細川重賢《しげかた》による宝暦の改革が行われ、勧業政策が図られた。このなかで、養蚕業も奨励された。旧藩時代、高田にも桑の木が移植されたようで、惣庄屋の岡松家の邸内や閼迦池付近に大正期まで桑の老木がみられたという。しかし明治以前においては、養蚕農家はわずか五、六戸程度であった。

廃藩置県直前の明治四年（一八七一）、鶴崎町に養蚕伝習所を設立する計画がおこった。そこで鶴崎の郡政局出張所から、桑の苗が高田にも配布された。しかし村人は、いまだ養蚕業の有望性を知らず、苗の植栽を申し出る者はいなかった。翌五年、熊本藩の養蚕奨励策を受けついで、鶴崎町に養蚕伝習所が設立された。こうしてようやく、養蚕業発展の端緒を開くことになった。

下徳丸の平井眞清は、明治一四年（一八八一）から翌年にかけて、二五〇〇本の苗を購入して畑三反歩に植栽した。これが高田での本格的な桑畑の嚆矢《こうし》であった。その後数年をおいて、次第に養蚕業をはじめる者が増加していった。明治二〇年代にはいると、高田は気候風土が養蚕に適しているとして、注目されるようになった。

養蚕業の危機と再発展

ところが、明治二七年（一八九四）に日清戦争がはじまると、穀物価格が急騰した。このため桑を栽培するより、麦畑にもどして麦を栽培する方が有利な状況が生じた。すると養蚕農家と桑畑所有者の多くが、麦の栽培にもどった。こうして高田村の養蚕業は、一時頓挫することになった。また、養蚕技術の未熟さ故に、蚕の育ちが悪く、死んでしまうことも多かった。さらに明治二六年と二七年は二年連続の洪水が追い打ちをかけ、養蚕業は危機に瀕した。

このような危機的な状況に対して、村の運営に携わる人々は、養蚕業の振興こそが村再建の最良策と考える。村の有力者が桑畑の拡張、養蚕技術の向上に努めた。その結果、明治二八年（一八九五）には、蚕種の製造にも成功した。こうして、高田村における養蚕業は熱気を帯びることになる。日露戦争が勃発した明治三七年（一九〇四）になると、蚕の飼育上の問題も大いに軽減され、居宅外に独立の蚕室が設けられるようになった。明治四〇年代にはいると、高田村独自の蚕繭品評会も開催されるまでになった。高田村の桑栽培と養蚕業は、重要な産業に成長した。

郵便はがき

料金受取人払郵便

福岡中央局
承認

98

差出有効期間
2021年6月
30日まで

(切手不要)

810-8790

156

福岡市中央区大名
二—二—四三
ELK大名ビル三〇一

弦書房

読者サービス係　行

通信欄

年　月　日

このはがきを、小社への通信あるいは小社刊行物の注文にご利用下さい。より早くより確実に入手できます。

お名前

（　　歳）

ご住所

〒

電話

ご職業

お求めになった本のタイトル

ご希望のテーマ・企画

●購入申込書

※直接ご注文（直送）の場合、現品到着後、お振込みください。
送料無料（ただし、1000円未満の場合は送料250円を申し受けます）

書名	冊
書名	冊
書名	冊

※ご注文は下記へFAX、電話、メールでも承っています。
弦書房
〒810-0041 福岡市中央区大名2-2-43-301
電話 092(726)9885　FAX 092(726)9886
URL http://genshobo.com/ E-mail books@genshobo.com

『高田村是』の後半、「将来之部」も「総論」からはじまる。「総論」は、さきにも触れたように、村が「下流の細民」が多数を占めている現状を問題視していた。これを克服し村の財政を豊かにする方策、すなわち向こう「七年間に実行すべき目的」をのべていくのだが、その最初は「農業」である。それは、総生産高の六七・五パーセントが農業で占められていたからである。

作物別にはまず、裸麦と小麦の生産増を目的にあげている。裸麦は、高田村の畑作物の中でも江戸時代以来、最も有用な作物であった。『高田村是』では、裸麦・小麦は「味噌醤油の醸造に用い、また馬の飼料としても使用」し「用途が広範である」ので、農産物として「等閑《なおざり》」にできない作物だという。

次に蔬菜をあげる。蔬菜は「輸出品（移出品）のうち最高位を占め養蚕業とならび、村経済の車の両輪である」。中でも「牛蒡はその生産額が最も多く品質順良で、遠近に『高田牛蒡』の名声を有している」という。その他、大根、青苧を有望作物としてあげているが、これらはこれまでも高田村を支えてきた作物であった。

次にあげるのが、養蚕業である。「蚕業は蔬菜類とともに本村財源の二大要素」とする。その上で増産の鍵として、「奉公蚕業組合ノ活動」をあげている。具体的には、「一　蚕種共同購入及保護」「二　蚕種ノ共同掃立及飼育」「三　共同桑園の設置」「四　共同飼育所の設置」「五　共同販売を行ふこと」「六　屑繭の共同整理」などの方策を提言している。

将来之部「工業」「商業」

「将来之部」の「工業」「商業」は、おのおの次のように述べている。高田村の主な工業生産は、「織物、蚕糸類、茶類、鍛工類、雑類、醸造等類」の六つである。その生産高は、全体の一七・八パーセントである。このうち、「輸出（移出）の余力があるものは、清酒醸造業と鍛工類（鍛冶）」のふたつである。そのほか、新たに起業可能な工業を見いだすことはできない。

「本村の鍛工は鎌鍛冶と称せられる。多年近隣の町村はもとより、他郡他県に向かって輸出（移出）してきた。鍛工のみならず販売者もみな村民で、鎌入れと称して春に得意先の農家を廻り鎌を供給し、秋に代金を回収した。薄鎌は本村の特産として数えるべきものである」。今後も「益々奮起して鍛錬に励み、販売者も薄利多売を旨として販路を拡大すべきである」。

「商業の現況」をみれば、「専業商家」はわずかに八戸である。兼業をいれても九一しかない。このうち「鎌入商」（『高田村是』では一貫して「入鎌」を「鎌入」としている）は、従業者が最も多く有望な成績をあげつつある。前項「工業」の鍛工とあいまって、確実に発展させるべきである。また「金物商」も従業員が多いが、これはやはり「鍛工」「鎌入商」から派生して現在の業態に発展したものである。金物業の人員は徐々に増加しつつあり、一層利潤の増加に努めるべきであるという。

高田村善行者表彰規程

国民道徳の確立も重要な課題であった。そのため『高田村是』には、「風俗矯正」の項が設けられた。風俗矯正の具体策としてまず設けられたのが、「高田村善行者表彰規程」である。この「規程」

の目的は、「住民の勤倹力行を奨め華美遊情を戒飭せんが為」である。戒飭《かいちょく》とは、厳しく戒めることである。それではどのような事柄が、善行になるのか。それは「一　農事の改良、増殖に熱心し、他の模範となる可き者」「二　家業に精励し他の模範となる可き者」「三　僕婢の忠実勤勉なる者」「四　孝子、貞婦として他の模範となる可き者」「五　其他模範となる可き善行ある者」の五つに該当する者である。三つめの善行は、「たとえ僕婢（下男下女）であっても、忠実で勤勉な者」という意味だろう。その他の善行に必ず用いられている語は、「模範となる可き」である。地方改良運動では、「模範町村」が設定されたこはさきに触れた。すべての町村は模範町村に倣うか、または模範町村になろうと努力した。町村内では「模範となる人物」が設定され表彰され、彼らに倣うように仕向けられた。こうして孝子や孝女が「発見」され、表彰された。しかしそれは、孝子・孝女のように清く正しく生きるのがあたりまえで、ゆめゆめ自らの不遇を政治や社会の所為《せい》にしてはならない、という為政者側の意図があった。このような善行者表彰は、全国で行われた。

高田村時間恪守規則

面白いのは、時間の「恪守《かくしゅ》規則」である。「恪守」とは、「つつしみ守ること」「忠実に守ること」という意味である。よく知られるように、江戸時代までのわが国の時間は不定時法であり、季節によって昼夜の時間も違っていた。日の出から日没までを昼、日没から日の出までを夜として、それぞれを六等分して時をきめた。そのため季節によって、一時の長さが異なった。わが国、とくに民間では、時間に対しては実におおらかであった。明治五年（一八七二）年一一月九日、太陰暦が廃され太陽暦が採用された。これによって一年を一二か月三六五日とし、一日を二四時間とした。こうしてわが国では、時間の厳格化が進められた。時間を厳守することは、中央地方の諸官庁をはじめ、特に軍隊と学校で求められた。しかしなお、一般国民の普段の生活では時間に「寛容」であった。さて、「高田村時間恪守規則」とはは次のようなものであった。

第一条　本村ニ居住スルモノハ本規約ヲ履行ス可シ
第二条　本規約ハ時間ヲ恪守スルヲ以テ目的トス
第三条　時間ノ正確ヲ報スルタメ各区適宜ノ方法ヲ設ケ鳴鐘若クハ撃板ヲナスヘシ
第四条　無届ニテ公私ノ会合ニ遅刻シ或ハ不参シタルトキハ拾銭以上壱円以下ノ過怠金ヲ出サシム（後略）

時間の正確を期すためには、まず正確な時を伝えねばならない。そのために各地区で、時を知らせる「鳴鐘」や「撃板」を設けて時を知らせよ、という。また届けがなく公私の会合に遅刻または欠席した場合は、一〇銭以上一円以下の「過怠金」を出させるという厳しい規則である（明治末年頃の一円は、物価で換算すると三〇〇〇円くらいか）。こういう規則を出すこと自体、高田の住人たちが時間に対し寛容だったことをうかがわせる。

高田村青年会と在郷軍人会

地方改良運動では、村役場などの行政機関が推進役になったのはいうまでもないが、そのほかに町村に新たな諸団体が次々に結成され、運動を推進した。ここでは、青年会と在郷軍人会をみてみたい。

青年会は、江戸時代の若者組（若連中ともいう）にその起源がある。若者組の長は「若者頭」などと称し組織をリードした。また、「年行事」などとよばれる集落の年長者がこれを後見する。若者組は、集落の神社の祭礼や神事を主催し、盆踊りなどの行事を取りしきった。しかし明治三〇年代になると、その性格が大きく変化していく。組織や運営も厳格となり、娯楽だけでなく修養や奉仕などの任務が加わり、名称も若者組から青年会となる。地方改良運動で青年会は、内務省の指導の結果、初期の自主活動団体からしだいに国家目的と結んだ修養と奉仕の団体に変化していった。

高田村青年会は明治三〇年頃、各大字（旧村）とも「若連中」から青年会と改称し、組織（会長・副会長・幹事・評議員等）を整えた。明治四一年（一九〇八）、大分県訓令「青年会規則標準」によって、各大字の青年会が統一され、高田村青年会が組織された。高田村青年会の目的は、村の青年の福利を向上させ、村の自治および産業教育等を発達、促進させることにあった。高田村の青年会総会は、毎年二月一一日の紀元節に高田小学校で開催された。総会では「名士」を招聘し、修養上の講演会や会員による談話を行った。また、「巡回文庫」を設けて会員に回覧させ、農閑期には「夜学」を催すなど教育にも力を入れた。さらに心神の鍛錬のため運動会を開催し、柔道の講習会を行った（『高田村志』）。

青年会とほぼ時を同じくして組織化が進んだ団体に、在郷軍人会がある。在郷軍人会は、現役を退いた軍人によって組織された。高田村在郷軍人会は、明治四〇年（一九〇七）六月、村長と助役、それに村内の在郷軍人が高田小学校に集まって結成された。

全国統一組織である帝国在郷軍人会は、明治四三年（一九一〇）、退役軍人の軍人精神向上、傷痍軍人・軍人遺族の救護などを目的に発足した。これに従って、各連隊区に支部が、各市町村に分会が置かれた。これによって高田村在郷軍人会は、帝国在郷軍人会高田村分会と改称した。在郷軍人会も青年会同様、会長（一名）・副会長（一名）・幹事（二名）・評議員（一四名）を置いた。大正初年の会員数は、約一二〇名であった。

在郷軍人会は、徴兵検査に合格した壮丁に対し、分会事務所で数週間の予備教育を行った。また、毎年総集会を開いて連隊区司令官や将校、地方有識者を招いて講話を行った。さらに村から送り出した兵士が戦死や病死した場合、戦病死者の招魂祭も行った。

模範村をめざして

地方改良運動を通して、高田村が模範村にあげられることはなかった。しかしこの間、各町村は模範村をめざしてしのぎを削った。模範村に指定されないまでも、高田村は大正元年（一九一二）に大分郡長（当時は郡がひとつの行政区であり、郡役所、郡会があり、郡の行政の長としての郡長がいた）から二度の表彰を受けている。

一〇月には、「既往七ヶ年度国税ノ各納期ヲ通ジテ完納ノ成績ヲ挙ケタリ」という実績で表彰状を授与された。また、一二月には次のような理由で表彰された。

大分県大分郡高田村

大野川本旨流ノ間ニ介在セル平野ニシテ戸数僅《わずか》ニ四百余時々洪水ノ惨害アリト雖モ風俗醇朴勤倹力行ノ美風存シ水田ナキモ巧ニ畑地ヲ利用シテ蔬菜ヲ栽培シ傍ラ鍛冶及行商ヲナス為メニ生計ノ困難ヲ告グルモナク挙村常ニ緝睦《しゅうぼく》シ法令ヲ重ンジ規則ニ遵ヒ各種納税ノ如キハ年ヲ逐フテ増加スト雖モ数年間未ダ滞納者ヲ出サズ洵《まこと》ニ他ノ模範タリトス依テ本郡表彰規程ニ照シ金五拾円ヲ授与ス

こうして明治の二度の対外戦争で疲弊した町村は、見事に「立ち直った」ようにみえる。しかしそれは、「国民（村民）の努力と犠牲の上に」であった。そしてその後も日本は、ほぼ一〇年に一度の頻度で対外戦争を戦うのである。

第五章　江戸後期の輪中

江戸時代後期の文化一〇年（一八一三）、『高田風土記』が編まれた。これは高田手永《てなが》（後述）の地誌ともいうべき書物である。この『高田風土記』によって、私たちは江戸時代後期の高田輪中の有り様をつぶさにみることができる。『高田風土記』には、高田輪中の生活が詳細に述べられており、住人の水との戦いとともに、水と共生する生活もみえてくる。

高田輪中内においては水田は皆無で、畑作中心の農村であった。ここで生産される畑作物は実に多彩であった。なかでも牛蒡は、いわばブランド化し、遠くは大坂まで船で送られた。また、「余産」という農業以外の副業（鍛冶や縁布《へりぬの》生産）がここの住民の生活を支えた。高田輪中は、水害の頻発地帯であったから、水害に見舞われると収穫がなくなる。そこで副業による収入が、ここの住人の生活を支えた。高田輪中の人々は、商品作物を売り、手仕事で賃稼ぎをして、銀や銭で年貢を納めた。高田輪中の農業と生活は、「稲作をして米で年貢を納める」という、われわれがいだく典型的な近世農村のイメージとはおおよそかけ離れている。

「余産」の中で注目されるのは、鍛冶業と縁布の生産である。高田輪中には最盛期五〇〜六〇軒の鍛冶屋があって「高田鍛冶」とよばれた。ただしこれについては、別章に譲る。縁布は畳の縁布で、高田輪中では麻を生産しこれを原料に縁布を生産した。縁布もまた、大坂に送られた。高田では男が鉄で農具を作り、女が麻で縁布を織り現金収入を得た。

近世豊後国内の熊本藩領

すでに述べたように、高田手永（高田輪中と鶴崎、大野川流域の熊本藩領を含む）は、近世においては、熊本藩領であった。鶴崎は瀬戸内海航路の九州の起点のひとつとして、重要な港町であった。熊本藩は慶長六年（一六〇一）、大分県域の大分・海部《あまべ》・直入《なおいり》の三郡に飛び地を得た。それは肥後国から豊後国を経て、瀬戸内へのルートを確保しようとした加藤清正の画策によるものであった。寛永九年（一六三二）に加藤氏が改易（取りつぶし）されたあとも、続いて入封《にゅうぶ》した細川氏にもこの三郡は引き継がれ、明治初年まで熊本藩領であった。

熊本藩は、おおよそ二〇〜三〇ヶ村を「手永」という行政単位にまとめ、地方行政を行った。それぞれの手永に、手永会所をおき、惣庄屋（大庄屋）を配置した（それぞれの村には、庄屋をおいた）。熊本藩の豊後国の所領は、高田手永をはじめ、久住手永《くじゅうてなが》（直入郡、現竹田市）、関手永《せきてなが》（海部郡、現大分市）、野津原手永《のつはるてなが》（大分郡、現大分市）、谷村手永《たにむらてなが》（大分郡、現大分市。なお享和二年（一八〇二）に野津原手永に併合）の五ヶ所におよんだ（石高では約二万石）。熊本藩の参勤交代では、豊後国内の移動は、この五か所を結ぶルートで行き来する。先にも触れたが、熊本藩の参勤交代ルートは、鶴崎経由と大里経由のふたつがあるが、大里経由の場合にも鶴崎から御座船を廻航して藩主を迎えた（『大分県の地名』）。高田手永に含まれる鶴崎町は、熊本藩五ヶ町（熊本・川尻・高橋（以上現熊本市）・高瀬（現玉名市）・八代（現八代市））につぐ、「准町」の扱いであった。ただし、鶴崎町は高田手永に属してはいるが、高田手永会所の惣庄屋の支配は受けず、鶴崎町の町年寄四人によって町運営が行われた。いわば、「特別区」のような扱いであった。

人・物の集散地鶴崎

高田輪中の歴史的、地理的特徴を知る上で、鶴崎町の存在は重要である。明治四三年（一九一〇）に刊行された『鶴崎町是《つるさきちょうぜ》』には、藩政時代の鶴崎町について、次のように述べている（豊田寛三）。

本町ハ明治維新前旧熊本藩ニ属シ軍事ニ行政ニ各部ノ官衙出張所ヲ置キ、相当主任官吏ヲ配置シ、米廩《べいりん》（米倉のこと）ヲ設ケテ付近ノ貢米ヲ収納シ、官設造船所ヲ置キテ官船ノ新営及修理ヲ管シ、百隻ニ近キ官船ト五六拾隻ノ民船トハ専ラ運輸交通ノ機関トナリ、藩侯ノ参勤ヨリ一小官吏ノ交代ニ至ル迄、京阪地方ニ往来スル者又ハ大分直入大野三郡ノ旅客貨物ハ勿論熊本藩全管ノ商估《しょうこ》（商人のこと）ニシテ、京阪地方ニ商業取引ヲ為ス者多クハ鶴崎港船舶ニ倚《よ》ルガ故ニ、本町ノ状況ハ独リ交通機関ノ設備シタルノミナラズ商工業取引上ノ機関設備モ亦稍々《またしょうしょう》（だんだんと）具備セシガ如シ、従テ貨物ノ集散頗《すこぶ》ル盛大ナリシ

鶴崎は、鶴崎を含む大分郡と大野川の上流の大野郡（現豊後大野市）、直入郡（現竹田市）の三郡の人と物の集散地であった。またこの三郡の先の熊本藩とも直結していた。鶴崎港には夥しい数の船が停泊し、九州の東玄関と瀬戸内、京阪地方を結んでいた。そして高田輪中は、この鶴崎の後背地であったのである。

鶴崎御茶屋《おちゃや》

高田手永の支配機構を知るには、鶴崎に置かれた鶴崎御茶屋をみなければならない。御茶屋は本来、参勤交代の際の熊本藩主の休憩所、宿泊所として設置されたものであった。熊本藩では、豊後国内に鶴崎のほか久住、野津原、佐賀関に御茶屋が置かれた。このうち鶴崎御茶屋は、単に藩主の宿泊所というにとどまらず、豊後国内熊本藩領の政治、経済、軍事の中心であった。従って鶴崎には、鶴崎番代、鶴崎郡代、作事所、米蔵、銀所・預会所、郡屋などの支配機構が整備された。

鶴崎御茶屋の規模は一町四方（一町は約一〇九メートル）で、周囲には堀がめぐらされた。鶴崎御茶屋は、現在の鶴崎小学校の敷地内にあった。御茶屋には藩主の宿泊する屋敷のほか、鶴崎番代や郡代屋敷のほか、様々な役所や蔵が建っていたから、小城郭というにふさわしかった。鶴崎町自体も市街地が広がり、周囲には寺が配置されていたから、小規模な城下町であったといえる。さらに鶴崎には船手（熊本藩のいわば海軍）があり、藩主の御座船「波奈之丸」ほか、大野川の河港に多数の船が繋留されていた（吉村豊雄）。

鶴崎御茶屋の長官にあたるのが鶴崎番代で、一名一年交替であった。番代の役宅は御茶屋の正面にあって、番代付として梶取（総務）、横目（監察）、物書（書記）などの役人がこれに従った。番代の下に二名の郡代がいた。郡代は、農村支配や年貢の徴収担当の責任者であった。定員二名で、高田手永のほか関手永、野津原手永も管轄した。鶴崎作事所は、造船ほか土木・建築普請を担当した。米蔵は、文字通り年貢米を納める蔵とこれに関わる役人で構成された。熊本藩には、熊本・川尻（以上、現熊本市）・八代（現八代市）・高瀬（現玉名市）・大津（現菊池郡大津町）と鶴崎の六ヶ所に米蔵が置かれた。豊後国内の熊本藩領の年貢は、すべて鶴崎の米蔵に納められた（のち久住に増設）。銀所

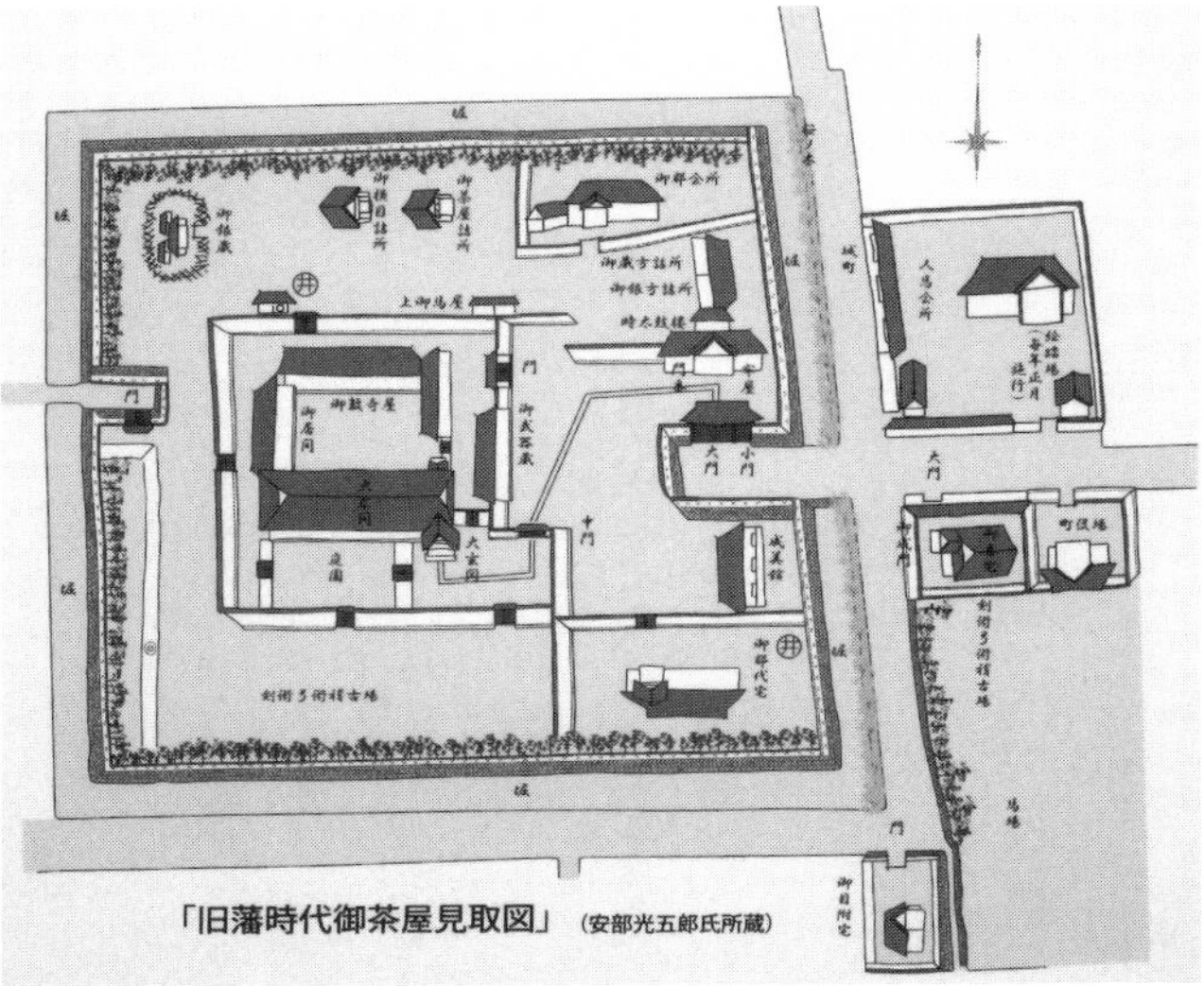

【図１】鶴崎御茶屋見取り図

と預会所は、双方を兼務することが多く、銀所は出納を、預会所は預札《あずかりさつ》（藩札の一種）を管理した。郡屋には、関手永・高田手永の出会所（出張所）、人馬会所、水夫《かこ》会所などがあった。御茶屋の建物の配置（見取り図）は、【図1】の通りである。このように鶴崎町は、高田手永支配機構の要であったが、また高田手永全体の経済の中心でもあった。

明治五年（一八七二）、御茶屋内にあった成美館（熊本藩の郷校）は鶴崎学校に改められたが、これがのちの鶴崎小学校である。鶴崎小学校正門脇にある楠の下に「鶴崎城跡・熊本藩鶴崎御茶屋跡」の碑が建っている。ちなみに「鶴崎城」は、戦国期まで同地にあった吉岡氏の居城である。

高田手永と村々の支配

熊本藩には、手永が五四あったが、そのひとつが高田手永である。手永には手永会所が置かれ、ここに惣庄屋（正確には御代官兼惣庄屋）がひとり配置された。惣庄屋は、鶴崎郡代に直属し手永を支配した。『高田村志』によれば、高田手永の会所、すなわち高田会所は、はじめ下徳丸の藍澤市左衛門宅（市左衛門が惣庄屋）にあり、寛文から享保にかけては、下徳丸の筒井家が三代務め、享保から宝暦にかけて関門村の高田家が二代、その後宝暦七年（一七五七）から明治三年（一八七〇）まで上徳丸の岡松家が八代にわたって惣庄屋を務めた。岡松俊介は、明治三年正月に免ぜられたが、その後に阿蘇内牧《うちのまき》手永から野田敬之允《のだけいのじょう》から転任し、さらに同年二月には郡野一兵衛が任じられている。明治三年にめまぐるしい転退任がみられる。手永制度は、明治三年七月の郡政改革によって、名称が手永から郷に改められ惣庄屋は廃止された（『肥後讀史總覧』）。高田手永の最後の惣庄屋は、郡野一兵衛である。惣庄屋は、江戸時代後期に官僚化が進み、広域にわたる「転勤」がみられるようになる。しかし高田手永は、概ね地元の有力者が惣庄屋を勤めている。なお阿蘇内牧手永からやってきた、野田敬之允の内牧の前任地は布田《ふた》手永（主に南阿蘇）であった。余談だが、野田は筆者の郷里である、布田手永の久木野村（現南阿蘇村）の住人であった。

惣庄屋の下には、根締手代一人、下代四人、小頭二人、加人小頭一人、見習若干が従っていた。惣庄屋岡松俊助のときには、手代以下一六名の「職員」で会所の運営が行われていた。手永会所の任務は、手永内の村々を統括し、各村の村役人の監督・賞罰、土木工事や手永内産業の育成計画、実施を行った。また、村々から差し出される書類の審査、各種報告を郡代経由で奉行所に進達するなどの業務があった。惣庄屋、山支配役（山林の管理役）、手付横目（村方の実態調査役）を手永三役といい、手永支配の要であった。そのほか塘方普請役《ともかたふしんやく》という堤防を管理する役職も重要であった（岩田和宏）。

高田手永には、二四の村々があった。各村には庄屋、弁差《べんざし》、山ノ口《やまのくち》などの村役人がいた。庄屋は村内の民政を掌り、今日の村長にあたる。弁差（弁済使とも書く）は、他藩においては小庄屋のことで一〜二人がおかれた。弁差は今日の助役に書記を兼ねたような役職である。山ノ口は、山林に関する事務を掌るもので、高田においては輪中の周囲にある壁藪《へきやぶ》を取り扱った。この三役のほか、在《ざい》御家人《こけにん》の中から選任される御別度見締役という者が二人いて、村内を巡回し村民の風俗を監視し華《か》奢《しゃ》（贅沢のこと）を戒めた。さらに塘方《ともかた》見締といって、土手（堤防）、山林、藪などの見締を行う者もいた（『高田村志』）。ちなみに在御家人とは、在（村）にいる御家人（細川家の家臣）のことで、「村の武士」（郷士）である。

熊本藩の地方行政

ここで熊本藩の民政・地方行政全体について、少し触れておきたい。民政・地方行政について、熊本の藩庁が中央官庁として行うのは、主要な人事と上中事案の許認可などであった。経費と人員をともなう地方行政の実行は、もっぱら地方社会によって担われた。特に一九世紀になると、地方行政の企画・立案は地方で行われ、その過半が中央政庁の決済・許認可を受けることなく、郡代の裁量のもとで実行に移された。

具体的には、農業に関わる水利事業や土木工事、災害救済、種々の紛争など地方社会で生ずる様々な行政ニーズは、大部分が郡代の裁量のもとで手永と村、その長である惣庄屋と庄屋のレベルで処理され執行されていた。このため、郡代は勿論、惣庄屋や庄屋は有能でなければ勤まらなかった。

手永には、手永官銭《てながかんせん》（会所官銭ともいう）という公金があった。これは藩当局が雑税の一部などを手永会所に備蓄・運用させた地方財源である。この公金が、水利土木工事、災害救済、質地請戻し、産業振興、住民への資金として運用された。この会所官銭の運用の中心にいたのが惣庄屋である。手永内で必要な土木工事があれば惣庄屋が起案し、これを郡代が認可した。そして手永官銭を使って、公共工事を実施するのである（吉村前掲書）。

『高田風土記』とは

これから、『高田風土記』という書物によって、江戸時代の高田輪中の生活や文化を述べていきたい。そこでまず、『高田風土記』（『大分県地方史料叢書（一）』）の「解題」によって、その概略を述べておきたい。

『高田風土記』は、文化一〇年（一八一三）、熊本藩領高田手永《たかたてなが》二四ヶ村（鶴崎三ヶ村・近在四ヶ村・洲ヶ在《すがざい》八ヶ村・山奥在《やまおくざい》九ヶ村）と鶴崎小路町・鶴崎町（すべて現大分市）について記述された地誌である。ただし、成立年について平井義人氏は、『高田風土記』の志村の項に「議定まりて今年までに十ヶ年を経たり」とあり、「議」とは文化元年（一八〇四）八月の洪水で壊れた堤の修築に関しての「議」であるから、本書の成立は文化一一年（一八一四）以降であるとする。

この二四ヶ村とは、いずれも大野川の流域である。現代の地名に置き換えれば、上流から「山奥在」が竹中と大南地区、「洲ヶ在」が高田地区（高田輪中）である。「近在」は、高田輪中と大野川を隔てて右岸（東側）の種具《たねぐ》（鶴村）と迫《さこ》、同じく右岸下流の志村、そして小中島《おなかじま》は、大野川最下流左岸のデルタ（砂州、徳島を含む）地帯である。

『高田風土記』は、これらの村や町について、その位置からはじまり、田畑の面積・賦税、人口、戸口牛馬数、寺社、山林原野、水利、街道、産物と余産、風俗にいたるまで詳細に記載している。

なお、『高田風土記』（昭和五七年）とは別に昭和一三年（一九三八）に出版された『若宮書上の栞』という刊本があり、内容は『高田風土記』とほぼ同じである。『若宮書上の栞』の編者は、洲ヶ在南村の若宮八幡社の宮司である広瀬雄次郎である。ただ『高田風土記』と表現が若干異なる部分があり、底本が異なるとみられる。また、『高田風土記』中の南村「神祠寺院」の項には、「洲ヶ在近在十五ヶ村の産土神にして奥在九ヶ村までの惣鎮守なり」とあり、若宮八幡社が高田手永全体における惣鎮守であることを強調している。このような経緯から、『高田風土記』の成立に若宮八幡社が深く関わっていた可能性がある（平井氏による）。

『高田風土記』の編さん目的

『高田風土記』の成立は、文化一〇年（一八一三）頃とされるが、何と誰が何の目的で編さんしたかについて一切伝わっていない。全国的にも知られる、幕末に編まれた『防長風《ぼうちょうふう》土《ど》注進案《ちゅうしんあん》』と並び称せられるほど重要な史料とされながら、編者も目的も不詳なのである。ちなみに『防長風土注進案』とは、周防《すおう》・長門《ながと》両国（現山口県）の江戸時代末期の地誌で、『長防風土記』ともいう。萩藩主毛利敬親《たかちか》が、萩藩の天保の改革の一環として、天保一二年（一八四一）、藩政改革のための資料として諸郡の代官に命じて作成させたものである（『ブリタニカ国際百科事典小項目版』）。

編者も目的も不詳ということに加え、『高田風土記』はその原本（底本）も伝わっていない。われわれが今、『高田風土記』を利用できるのは、わずかに残された写本（すぐれた地方史研究者であった故久多羅木儀一郎《くたらぎぎいちろう》氏所蔵）をもとに、大分県地方史研究会が史料集として編さん、昭和五八年（一九八三）に出版したからである（豊田寛三氏らによる）。

ただし、『高田風土記』の写本を所蔵していた久多羅木儀一郎が、自ら編さんした『豊後鶴崎町史』（鶴崎町昭和二年）には、『高田風土記』について「鶴崎近在に党民騒動の続発した翌年の文化十年に、高田会所では管内各村に就て、戸口、地勢、産業、交通、課役、社寺、賦税等を詳細に調査し、これを一冊に纏めて『高田風土記』とした」とある。久多羅木によれば、『高田風土記』は高田会所が諸調査を行い編さんしたとみている。実際に『高田風土記』の鶴崎小路の項に「御郡の配地にはあらされとも」とか、鶴崎町の項に「御惣庄屋の支配下にはあらす」という表現があることから、高田手永惣庄屋（高田会所）が編さんの主体だと考えるのが最も妥当であろう（平井氏による）。そしてその目的について久多羅木は、文化年間に周辺の他藩領で続発した農民騒擾（百姓一揆）に対処するためだと推測する。これ以上の騒擾が発生しないように、農村（手永）復興のための基礎資料として『高田風土記』を編さんしたというのである。この推測が正しければ、『防長風土注進案』の編さん目的および経緯に類似しているといえる。

高田手永の概略

さて『高田風土記』は、高田手永二四ヶ村を詳述（各論）するまえにまず冒頭で、高田手永の概略を四つの点から述べている（概説）。『高田風土記』の記述を基礎に、若干の説明も加えながら、この冒頭部分の概説を紹介しよう。

まずひとつめは、大分郡高田手永会所の所在地が、上徳丸にあるという（文化一〇年当時）。すでに述べたが江戸時代には、手永会所に惣庄屋が配置されて、手永全体の行政を運営していた。

二つめは、高田手永二四ヶ村の村名とこの村々が四つの地域に分かれていることと四つの地域の名称の由来を説明している。まず「鶴崎三ヶ村（鶴崎・寺司・国宗）」は、鶴崎町に隣接することから命名されたという。「近在四ヶ村（小中島・志・迫・鶴）」は、鶴崎に近いという意味で「近在」とした。「洲ヶ在八ヶ村（堂園・常行・関門・南・下徳丸・上徳丸・亀甲・鵜猟河瀬）」は、このあたりから鶴崎まで「洲先」であるからとする。「洲先」の「洲」は、いうまでもなく中州また三角州を意味し、「先」は大野川の先端を意味するのであろう。最後に「山奥在九ヶ村（門前・冬田・竹中・岩上・伊与床・高城・中野・中無礼・弓立）」は、「洲ヶ在」からずっと離れて「山中」にあるからだという。そのあと、これらの四つの地域の所在を周囲の他藩領の村々との位置関係から説明している。

三つめに大野川と乙津川、それにこの二つの河川に設けられている堤防について述べている。当時、大野川は「白嵩川《しらだけがわ》と呼ばれていたが、それは迫村《さこ》（大野川右岸、高田輪中の東側の対岸）」に白嵩山という山があって、その下を川が流れているからだという。また、別名「大川」「本川」ともいった。白嵩川の名称は、明治に入ってから大野川に改められたが、いまも大野川に架かる橋に「白滝橋」（国道一〇号線）というのがあって、その名残をとどめている（以後、河川名は現在の大野川を用いる）。『鶴崎町史』によれば、『日本地誌提要』（元老院地誌課編纂、明治六年）には「大野川」とあり、この頃から「大野川」に定着しはじめたようだ。しかし明治一三年になっても、まだ「白嵩川」という用例はみられたという。大野川は高田輪中の少し上流の毛井《けい》（臼杵藩領）で、洪水への対処のために分流させている。この分流を「裏川」というが、これが現在の乙津川である。乙津川は、高田輪中の西側を流れる。ゆえに高田輪中では、乙津川のことを「西川」といっていた。乙津川は、普段は流れも少ないが、洪水の時は大野川と同じく激流となる。洪水時は、洲ヶ在（高田輪中）から鶴崎までは「中洲のごとし」という。この「中洲のごとし」とは、おそらく中洲のようにすっかり水に浸かるという意味だろう。そこで洲ヶ在の東から南西にまわる大きな「塘《とも》」、すなわち堤防を築いて洪水の害を防いでいる。そして毎年、この堤防の修理を怠ることはない。当時の堤防は、高田輪中をぐるりと取り囲んではいなかった。高田輪中を楕円形とみるならば、上流にあたる南側半分に堤防が築かれていた。下流の半分には、堤防はなかった。大野川は奥在から洲ヶ在まで河床が低く、堰を築いて揚水して水を利用することも困難だった。ただ、竹田（岡藩）領の犬飼《いぬかい》（現豊後大野市。河港があった）や山奥在から鶴崎・三佐・乙津まで、船による「運漕の便」がよいという。

最後にまとめとして、次のように述べる。「この手永は、『山川の釣合《つりあい》』もよく海辺にも近く交通の便もよい。地味も相応にあって、関手永（大野川右岸から佐賀関）に比べれば『富饒』（豊饒）というべきである。ただ、山奥在には零落した村もある。住人は正直でその『人気《じんき》（気風）』は、『多柔少剛』（多くは穏やかで剛毅な者は少ない）である。そのため、『強暴』な事件はおきない。他領と入り交じる地であるため、風俗は『奢美』な者も多いようだ。また住人は、『神仏を尊信』する」と。

他領と入り交じるため「奢美」とは、他領民に対し見栄を張る必要があって風俗が華美だったという意味だろうか。ただ鶴崎町について「船路の便利が良いので、大坂などへ通商する者も多く、自ずからその風習がうつり、全体として『花奢の風』があって、外面をかざり、特に飲食について贅沢で『遊惰の俗』が多い」とあって、大坂などとのつながりでこの地域一帯に「奢侈の風」があったとも述べている。

洲ヶ在《すがざい》八ヶ村概略

すでに述べたように『高田風土記』には、高田手永二四ヶ村に関する村勢が詳述されている。しかしここでは、いわゆる高田輪中の村落にあたる洲ヶ在八ヶ村を中心にみていきたい。高田手永内のその他の村や町は、洲ヶ在に関わる点において取りあげていくことにする。

「洲ヶ在」の「洲」は、中州のことを意味する。高田輪中は、東の大野川と西の乙津川に挟まれた、文字通り中州である。「在」とは村、村落のことを意味する。従って洲ヶ在とは、中州の村々という意味である。『高田風土記』では、「此辺より鶴崎までハ洲先なりしと見ゆ故に名とする歟《か》」とあるが、高田輪中から鶴崎までまさに州、すなわち大野川が運搬してきた堆積物でできたデルタ（三角州）の先端部分だった。

地図をみれば、高田輪中は弦楽器の琵琶の形状をしている。大野川の下流側は、大野川と乙津川が接近して琵琶の首のように細くなっている。いっぽう上流側は琵琶の胴のようである。この形状から、高田輪中は古くは「琵琶洲《びわす》」また「琵琶ん洲《びわす》」とも呼ばれていた。これについて、『高田風土記』は次のようにいう。「土俗の説にこれを琵琶洲という。百堂山（輪中の東、大野川対岸の山）から洲ヶ在と鶴崎の様子をみれば、琵琶の形のようである。洲ヶ在は琵琶の胴にあたり、国宗付近は（大野川と乙津川が接近し）琵琶の首（竿）のようである。そして鶴崎は絃蔵《いとぐら》（弦をチューニングする部分）の形に似ている。鶴崎という地名は、この「絃のさき」が由来で、いつの頃からか今の字に変わったものであろう」と。なお『高田村志』は、「洲ヶ在」「琵琶洲」に加え、「藤島」という異名（古称）も紹介している。これは、かつて大野川河口付近の入り江に「天を蔽ふばかりの一大藤樹」があり、この付近に土砂が堆積して砂州ができ、現在の高田輪中から鶴崎までが形成されたことからついた地名だという。

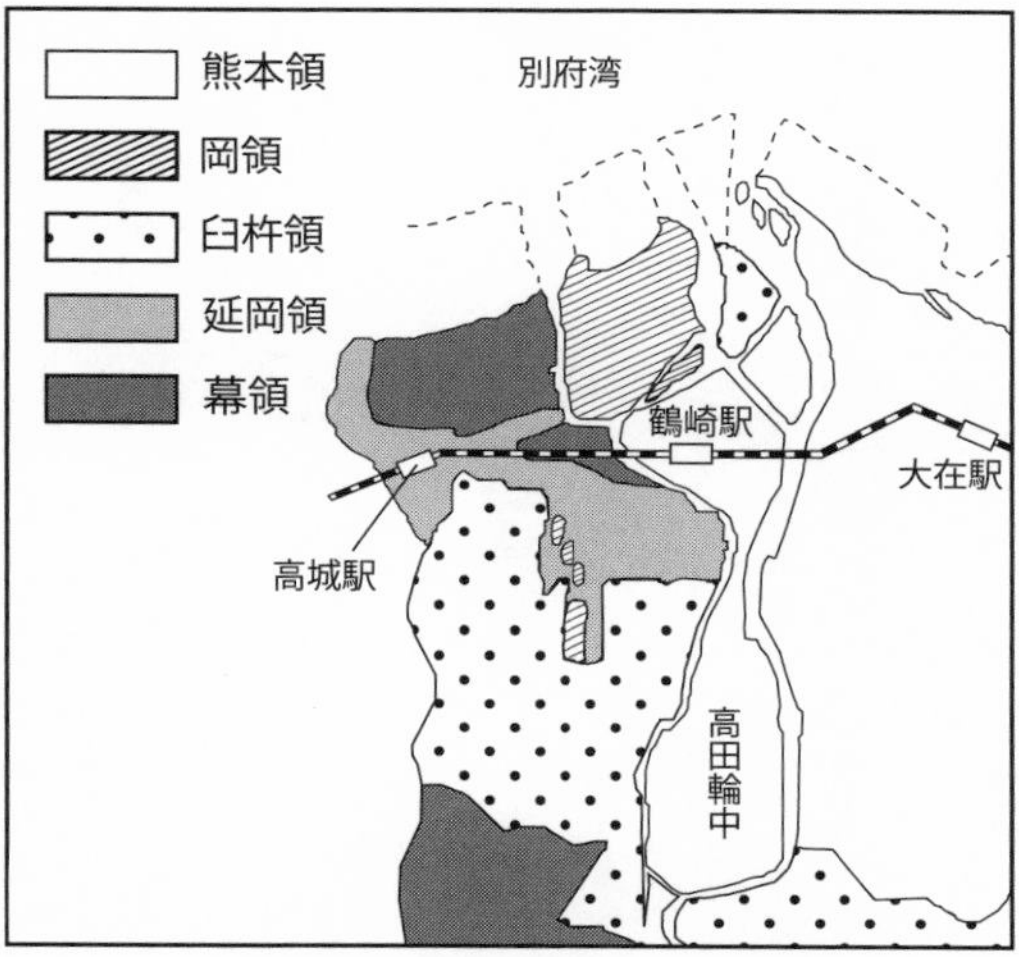

【図２】鶴崎周辺各藩領区分図

近世の豊後国は、小藩が乱立し（中津・杵築・日出・府内・臼杵・森・岡・佐伯の各藩）さらに幕府領（日田ほか）も入り込み「犬《けん》牙《が》錯綜《さくそう》」と評された。しかし、高田輪中周辺は、さらに諸藩領、幕領が入り乱れた。まず高田輪中を囲むように、金谷・毛井・横尾・森の各村と森町、さらに家島は臼杵藩領、中嶋・門田村は延岡藩領、乙津は幕領、三佐は岡藩領である【図2】。このように高田輪中周辺に諸藩や幕府が領地を得ているのは、この大野川・乙津川河口付近に瀬戸内海へ出るための良港がいくつも位置していたからである。熊本藩の鶴崎については、すでに述べた。そのほか江戸時代幕領であった乙津港は、すでに鎌倉期に「高田庄乙津」「高田庄之船津」とみえ、早くから開かれた港で、しかも高田庄の外港的存在（後背地である高田庄の経済活動を助ける港）であったことがわかる。また岡藩領であった三佐村の港は、瀬戸内海に面する玄関口として機能した。さらに臼杵藩領であった家島は、同藩の年貢積出港として重要な地点であった（『大分県の地名』）。

洲ヶ在八ヶ村の基本データ

【表2】は、洲ヶ在八ヶ村の基本データともいうべき数値である。このデータから、高田輪中の特徴をいくつか拾い上げてみたい。

高等学校の教科書では、村高について「一村平均は四〇〇石」と書いている（『詳説日本史』）。枝村を除く八ヶ村の石高の合計は一六八一石八斗で、平均は二一〇石余となり、石高に限れば平均的な村落の半分ほどの村々であった。ただし、下徳丸村は三七一石を越えているから、平均に近い村であるといえる。また一九世紀以降の一世帯人員は、「一家族四人程度」という（縄田康光）。枝村を除いた数値で計算すると四・九人となり、世帯の人員は若干多いようにみえる。

次に田畑の面積をみると田は関門村の枝村（中瀬村、百堂村）に二町六反あるのみで、畑がほとんどで田はないに等しい（このふたつの枝村は、輪中の外にある）。江戸時代の村落は、水田耕作中心というイメージだから、この点は著しい特徴といわねばならない。高田輪中は河川に囲まれ、たびたび洪水に見舞われる輪中にもかかわらず「乏水地」であった。大野川流域は、どこも河床が低く河川水の利用が困難であった。高田輪中では、井戸水を利用するほかなかった。

【表２】洲ヶ在八ヶ村（高田輪中諸村）の基本データ①

	田	畑	石高	物成	租率	竈数	人数	馬	牛
	町反畝	町反畝	石	石	%	世帯	人	頭	頭
堂園村		1959	134.7	103	76.5	29	130	11	−
常行村		2913	252.3	191.7	76.0	140	660	47	2
関門村		2594	216.3	156.4	72.3	103	449	6	−
（中瀬村）	245	50	30.5	18.5	60.7	16	80	−	3
（百堂村）	15	44	3.2	1.4	43.8	14	68	−	−
南村		1717	153.1	77.4	50.6	50	240	7	−
下徳丸村		4230	371.6	284.4	76.5	70	300	13	2
上徳丸村		2239	225.7	140.5	62.3	50	200	11	1
亀甲村		1360	131.7	85.1	64.6	87	462	21	−
（大鶴村）		889	135.1	48.7	36.0	22	71	4	
鵜猟河瀬村		1876	196.4	115.2	58.7	54	260	11	−
合計	260	19871	1850.6	1222.3	66.0	635	2920	131	8

『高田風土記』より作成。概数を示す「〜余」という表現は省略した。
租率（年貢率）は、物成÷石高×100。（　）は枝村。

次に畑の面積を竈数（世帯数）で割ると、農家一世帯あたりの耕地（畑）面積は、三反余にしかならない。昔から零細農家を表現する「三反百姓」という語があるが、高田輪中はまさにこれにあたる。しかも三反は、田ではなく畑なのである（ただし、高田手永の他の諸村も耕地面積は三反前後）。ところが石高に対する物成（年貢）の割合、すなわち租率（年貢率）は、平均で六割を超える。中でも堂園、常行、関門の三村は、何と七割を超えている。高田手永全体の年貢率は、五割余であるから、高田輪中の年貢率ははるかに高い【表３】。さらに隣接する関手永の年貢率は三割八分七厘であるから、これに比べればいっそうその高さが際だつ。世帯あたりの耕地が狭いにもかかわらず、年貢率が高いのである。これは何故だろうか。

【表3】高田手永諸村の基本データ②

	人口	家数	田面積	畑面積	石高	物成	租率
	人	軒	町反畝	町反畝	石	石	物成/石高
鶴崎3ヶ村	805	277	265	7457	737.6	353.1	47.9
近在4ヶ村	2370	450	2168	5593	990.7	515.3	52
洲ヶ在8ヶ村	2920	635	260	19871	1850.6	1222.3	66
山奥在9ヶ村	4730	995	9035	16190	2164.9	1107.1	51.1
合計（平均）	10825	2357	11728	49111	5743.8	3197.8	55.7

『高田風土記』より作成（田畑面積、石高、物成は「本方」のみ（新地等を含まない）

それは以下に詳しく述べるが、洲ヶ在八ヶ村（高田輪中）は商品作物の栽培と伝統工芸などの「余産」（副業）が盛んなため、高い年貢率に耐えうる経済力があると見込まれていたからだと推測される（豊田寛三）。ちなみに高田輪中の八ヶ村は、年貢は現物納ではなく「銀納」（鶴崎町にある熊本藩の役所に納める）であった。

家畜を見てみると、馬が一三一頭、牛が八頭で馬が圧倒的に多い。一般に牛馬の数は、東日本で馬が多く西日本で牛が多いといわれる。これも高田輪中の特徴といって良い。これはあとにも述べているが、商品作物や工芸品、肥料や燃料の運搬に馬が必要だったからだと思われる。

多彩な畑作物

『高田風土記』は、堂園村の記述からはじまる。堂園村は輪中の北方にあって、次第に南方の村の記述へと移る。堂園村の「産物」（おもに農産物）には、裸麦・大麦・小麦・粟（早物と晩粟）・餅粟・麻・夏大豆・小豆・里芋・蕎麦・たばこ・胡麻・菜種・ひえ・荏子・唐芋・野稲・ささげ・牛蒡・大根があげられている。主な畑作物だけでも、一二〇種類ある。このうち麦類では、裸麦を専ら作り、大麦は「稀」、小麦は「程々」とある。高田輪中では、穀物といえば裸麦が主流だった。そして裸麦には五種の小麦には三種の品種があった。雑穀である粟は、「早物」（早稲《わせ》）と「晩粟」（晩稲《おくて》）と「餅粟」の三種があり、さらに「早物」に五種、「晩粟」に八種、「餅粟」に六種の品種があるという。粟は何と一四種を栽培時期をずらしながら栽培していたようである。江戸期の農村では、収穫減のリスクを避けるために色々な品種を組み合わせ、さらに播種期や収穫期もずらしていた。それにしても畑作中心の高田輪中では、特に畑作物の品種が多彩だったのではないだろうか。ほかの村でも、概ね「道園（堂園）村の条下に同じ」とあるから、同じように畑作物は多かった。

さきの畑作物のうち、「荏子《えご》」はおそらく「荏胡麻《えごま》」で、「唐芋《からいも》」はさつまいもである。荏胡麻はシソ科の一年草で、小さな実から灯油に用いる油を搾った。「野稲《のいね》」は陸稲《おかぼ》、すなわち畑で栽培する稲である。陸稲は最近あまり見かけなくなったので、畑で稲を栽培するというと違和感を覚える人がいるかも知れない。しかし畑でも稲は栽培できるし、田で栽培する稲と基本的には同じである。筆者の郷里である阿蘇では、けっこう陸稲をみることがあった。生家の近くでは、畑で糯米《もちごめ》を栽培していたことを記憶している。とにかく様々な作物を組み合わせて、最大限の収穫をあげる努力をしていたのである。

牛蒡と大根と麻

高田輪中の畑作物の中でも、最も重要かつ名声が高かった作物が牛蒡と大根と麻である。まず牛蒡と大根であるが、「牛蒡・大根土地に適するため、銀納のために百姓たちは専ら栽培している」とある。『豊後國志』にも、「高田郷堂園村で産出、大きい物は長四尺（約一二〇センチ）ばかり、最も美味である」という（『高田村志』）。さらに「牛蒡はよく延び、太くて柔らかく味も良い。そのためこの地の名産で『高田牛蒡』と呼ばれる。冬になると鶴崎町そのほか周辺の諸藩の村々、府内・別府・佐賀関・臼杵など距離が四～五里の範囲の中は、百姓たちは皆、担いで売り歩く。又六～七反の帆を有する旅船（中型の中長距離船）が鶴崎の港にはいると牛蒡を買い求め近くの藩の港や瀬戸内、さらに大坂へも積みのぼる船もある」、「大根も太く柔らかで味が良く、これも伝馬船などに積み込み鶴崎・佐賀関・臼杵・別府に運び販売する」とある（『高田風土記』）。

具体的にどれくらいの量の大根や牛蒡が生産されていたのだろうか。熊本藩の藩政史料に『諸御郡物産物調帳』というものがある。これは天保一三年（一八四二）四月に作成された熊本藩の手永ごとの経済力調査である。これによれば高田手永では、牛蒡が年間に一三〇万本、大根が一五〇万本生産されている（蓑田勝彦）。この数字は高田手永全体の数字であるから、高田輪中だけの数字ではない。大根に関してみると、他の手永にもこの数字に匹敵、あるいはこれより多い生産地がみられる。しかし牛蒡については、高田手永の生産量が突出している。

こうしてみてくると高田輪中の畑作地の農業は、現代の地理用語でいえば「近郊農業」といえるのではないか。しかも瀬戸内各地や大坂をも市場にしている点を考慮すると、舟運の利便性を利用した「輸送園芸」ともいえるだろう。現代の輸送園芸は、トラックと使ったものである（トラックファーミングともいう）が、高田の場合は船を使ったそれである。そして「高田牛蒡」という名称にみるように、高田輪中ので生産された牛蒡はブランド化していたともいえる。高田の農民たちは、牛蒡と大根を売ることで現金を手に入れ、「銀納」で「納税の義務」を果たしていたのである。ところで、牛蒡は連作障害がおこりやすい農作物といわれる。その牛蒡が、継続的に栽培され出荷できたのは、やはり大野川による肥沃な土壌の供給がそれを可能にしたのであろう。

もうひとつ現金収入を得る作物がある。それが、麻である。麻もまた、「よく伸びて土地に適した」作物だった。高田輪中の女性たちは、麻で糸を紡ぎ「縁布《へりぬの》」を織って藍で染め、これを販売して「銀納」の一助とした。また近郷では、麻の栽培が少なかったという。そのため「生麻」を売ったり、「からむし」（麻の茎の皮を加工して作った繊維）として売る者も多かった。ところで「縁布」とは、畳の縁にする布であり。関門村の項に「紺屋は専ら縁布を染めて上方へのぼす」とある（『高田風土記』）。これは紺屋の話であるが、総合すると高田輪中で麻を栽培し女性たちが糸を紡ぎ布を織り、紺屋がこれを染めて上方（京・大坂）まで移出して現金を得ていることになる。これもまた高田輪中の特産品で、「豊後縁布」とよばれ、ブランド化していた。農村での農作業の合間の手工業のことを「農間渡世」ともいい、地域によってはこれが特産品となった。「豊後縁布」は、まさにこの例である。さらにいうなら「豊後縁布」は、第一次産業（農業＝麻の栽培）と第二次産業（手工業＝機織り・藍染め）と第三次産業（商業＝上方への移出・販売）が結びついていた。高田輪中では、今日よくいわれる「六次産業化」が成立していたのである。

【表4】高田輪中諸村の「余産」一覧

	大工	左官	木挽	杣	屋根葺	鍛冶	桶屋	揚酒屋	造酒	紺屋	馬口労	煮売り	船稼	川内漁	縁布	炭山稼
堂園村		○	○												○	
常行村	○					○	○	○							○	
関門村						○	○			○	○	○	○	○	○	
南村	○				○	○	○	○							○	
下徳丸村					○		○	○	○	○					○	
上徳丸村				○											○	
亀甲村	○		○				○	○		○					○	○
鵜猟河瀬村	○	○	○		○										○	

『高田風土記』より作成

「余産」という副業

ただし、このような商品作物や工芸品があったからといって、洲ヶ在の村々（高田輪中の村々）が特に豊かだったわけではない。輪中の百姓たちは生活のために、さらに「余産」という名の副業に従事しなければならなかった。「すべてこの近郷は土地が狭く人が多いので、農業だけでは生活に難渋する。そのため日雇いや出稼ぎ、そのほか職人札や商人札を得て渡世する者も数多くいる」（『高田風土記』）という。また「余産」は、洪水によって畑作が被害を受けたときの「保険」でもあった。さきにあげた「縁布」の生産も「余産」のひとつである。

【表4】は高田輪中諸村の「余産」一覧である。この表をみただけでも、一六種の「余産」があって実に多彩である。「日雇い」「他所稼ぎ（出稼ぎ）」「商人札」など、具体性に欠ける「余産」は【表4】から除いているので、それらを含めると二〇種ほどになる。「余産」のうち、「木挽《こびき》」は、大鋸《おが》を使って板や柱を作る「製材」業者である。「杣《そま》」は「杣人」ともいい、山に入って木を伐採する者をいう。この木挽きや杣は、かなり広範に移動しながら仕事をしている。肥後国阿蘇長野村（現南阿蘇村）の住人長野内匠は、文化一〇年（一八一三）から七五年にわたって日記を認めた。この『長野内匠日記』を読めば、しばしば「鶴崎木挽」の語がみられる（長野浩典）。「鶴崎木挽」は、数人単位の小集団で移動しながら、そしてその町や村に数日間滞在しながら仕事をした。確かに鶴崎町と周辺の村にも木挽がいる。阿蘇で「鶴崎木挽」というのは、鶴崎方面からやってくる木挽たちを総称していったものと思われる。だから、高田の木挽たちも、同じように広範囲に移動しながら賃稼ぎをしていたのであろう。同じ熊本藩内であるから、藩内を移動しながらの出稼ぎが容易だったのかもしれない。

特徴的な「余産」

「揚酒屋《あげさかや》」は、「造酒屋《つくりざかや》」に対する語である。「造酒屋」は文字通り、酒を醸造（製造）する業者で、鶴崎町には一〇軒もの造酒屋があった。これに対し「揚酒屋」は、造酒屋から酒を購入して販売する業者である。造酒屋は高田にはなかったから（ただし、文政年間に首藤次郎兵衛が「岩丸」という屋号の造り酒屋を創業）、高田の揚酒屋は鶴崎で酒を購入して販売していたものであろう。

「馬口労《ばくろう》」は博労または馬喰とも書き伯楽が転化したもので、牛馬を商う仲買・仲介業者である。伯楽といえば、日本では古くは「馬医」をさすこともあった。中世まで牛馬の需要は特定の階層に限られていたが、江戸時代にはいると運送や耕作に使役するための牛馬の需要が庶民の間にも広まった。各地の牛馬の産地や交通の要衝（市場町や宿場町）に馬喰という業者が生まれ、城下町には馬喰が集住する「馬喰町」が形成されたところもある。馬喰は一般に藩から鑑札（許可証）を得て業務をおこなった。高田手永のなかで、馬口労がいたのは高田輪中の関門村のみである。それはさきにも述べたようにこの地域では、運搬手段としての馬の需要が非常に大きかったからだと思われる。高田輪中と大野川を隔てて対岸にある近在四ヶ村のひとつ迫村には、「農閑期に馬を連れて久住・阿蘇・竹田、そのほかの所へも駄賃稼ぎにゆくものがいる」という記述がある。かなり広範囲に馬を牽いて移動していることがわかる。先に触れたが高田輪中の諸村では、ほかの村々に比べて馬の数が圧倒的に多い。これは商品作物（牛蒡や大根）や工芸品（鎌などの農具や縁布）の運搬、さらに駄賃稼ぎ、燃料や肥料の運搬にと運搬手段としての馬の需要が大きかったからだと思われる。

「船稼」の余産は関門村だけだが、「中瀬・百堂（いずれも関門の枝村）ともに船稼ぎをして、臼杵藩領の丹生《にう》で生産される松葉（燃料か）を買い入れて、近海の港に船で運び塩に交換したり、または穀物や野菜類を運搬して利益をあげる」とある。また百堂には、大野川の渡し場もあり渡船にも従事していた者もいた。

「川内漁」とは大野川の川漁であろう。大野川は高田輪中付近まで潮があがり、川の魚も海の魚も獲ることができる。少し前までテナガエビなどが獲れたし、ボラは今でもたくさん獲れる。またウナギも生息し、ウナギの稚魚のシラスウナギも遡上する。大野川は、豊かな「漁場」でもあった。

さらに高田輪中には、中世以来「高田鍛冶」とよばれる刀工集団がおり、江戸時代には熊本藩のお抱えであった。また主に鉄製農具を作る「野鍛冶（農鍛冶）」も多数いて、これも高田の特産物であった。この高田鍛冶については、別に章を設けて詳しく述べる。

水とともに暮らす

第一章で高田輪中のくねを紹介したが、『高田風土記』にもくねが登場する。ただし「くね」という語は一切でてこない。水を防ぐためのくねについては、次のような記述がある。「村々の家居には垣墻があって近郷に比べれば、最も堅固で丈夫である。これはここの村が格別のようにみえるが、是は洪水の害を防ぐためのもので、外見のようにすべての家が豊かであるからではない」と。垣墻は「えんしょう」と読み、「墻」は俗字で本来は「牆」が正しい。「牆」は「しきって囲む」という意味で、かきねをさす。この「垣墻」がすなわち、くねである。高田の輪中の集落は、外からみると立派な木々に囲まれて、豊かな家が多いようにみえたのであろうか。

堤防の修築も欠かせなかった。大きな洪水のたびに堤防が破損または決壊し、常に補修が必要だった。『高田風土記』冒頭に「洲ヶ在の東から南西側に大きな塘（堤防）を築いて洪水の害を防ぎ、年々川筋の堤防の修理をおこたらず」とある。すでに述べたように、堤防は高田輪中の南側（大野川上流）に築かれており、北側（下流）にはなかった。これは、「水吐《みずはけ》」のためと下流側から緩やかに水を呼び込むためであった。大野川の流れは、肥沃な土ももたらした。また各村には、排水のための「水吐の水道」（排水路）も設置されていた。

生活用水は、井戸に頼った。『高田風土記』には、「井水」の数が記載されている。その総数は、三八六にのぼる。【表2】にあるように、世帯数が六三五であるから、約六割の家に井戸があったことになる。井戸の深さはどこも「水際まで二間から二間半」とあるから、四～五メートルほどである。井戸水は「水勢強し」という村が多いが、汲んでも水位は安定しているという意味だろうか。今でも高田輪中を歩くと、旧家には井戸がよく見られる。

農業用水にも苦労した。高田輪中の畑地では、出水を利用した小さな溜池を利用するしかなかった。「一坪程の井の如く掘りし池にて皆はね釣瓶《つるべ》にて汲《く》む」というものだった。井戸水も利用したであろうが、少しの旱《ひでり》が続くとすぐに干害をまねくことになった（『大野川』）。高田ではしばしば雨乞いが行われたし、雨を乞うための一字一石塔があることは、すでに述べた。

鐙《あぶみ》鼻《ばな》築堤をめぐるジレンマ

高田輪中の南側にあって、堤防と隣り合わせにあった亀甲村の項（『高田風土記』）には、洪水と堤防破損、その後の修築のくり返しの歴史が綴られている。まず大野川の流路は、「寛永以往の水害」によって現在の流れとなった。そのため現在（文化年間）の流路の大野川を「新川」と称している。

高田輪中を取り囲む堤防のうち、大野川の水勢を先端で受け止めるのが、南端（大野川の上流側）にある鐙鼻の堤防である。鐙鼻は、高田輪中の洪水をみるうえで最も重要な地点である。『高田風土記』には、「鐙鼻に水尺（水位）をはかる所ありて、洪水の深浅を注進す」とあって、住人は鐙鼻付近の水位を常に監視していた。そして、鐙鼻の堤防が決壊するとき、高田輪中は最も大きな被害を被ることになる。『高田風土記』をみると江戸時代の初めから、この鐙鼻を嵩上げする工事をくり返している。例えば「この鐙鼻の堤防は洲ヶ在一円の惣囲いで、堤防のなかで第一に重要な所である。ここが決壊すると堤防が築かれた万治元年（一六五八）以前と同様の災害を受けることになる。そこで年々修理を重ね、堤防の本体も二重、三重の石垣で取り囲んでいる。それでも不充分な箇所は、臼杵藩領大津留村の土地を借りて石を詰めた蛇篭や敷石、それに杭を打ち込んだ。さらに近頃は船数百艘分の丸石を沈めて益々堅固にした」とある。ところが鐙鼻の堤防を高く堅固にすればするほど、この堤防に遮られた水が、今度は臼杵領大津留村（高田の上流部）に流入するようになった。そこで大津留村から、堤防を低くするようにとの苦情がきた。隣同士のよしみもあってそれに従ったところ、再び水害を被った。堤防を高く強固にすれば、隣藩の村からクレームが来る。輪中の人びとは、ジレンマの中で苦渋の選択を迫られたのである。こうした防水を巡る対立は、竹田の岡藩との間でも起きている。異なる藩が接していたので、高田輪中の人々は堤防工事も思うに任せなかった。鐙鼻付近の堤防の上には、大野川の氾濫を鎮めたいという高田輪中の人びとの願いが込められた石塔が建っている（「宝塔様」については第二章を参照のこと）。

舟と運漕

この章では高田輪中の牛蒡や縁布などの産物が、大坂や瀬戸内方面に船で運ばれたことはすでに触れたが、高田輪中の村々は多くの船を持っていた。『高田風土記』には、三ヶ村に「舟」という項目が設けられている。

常行村には、「九反帆浦船壱艘あり」「常に鶴崎川に繋きて、所々の荷物を積て瀬戸内所々へ運漕す」とある。関門村には、「本村に浦船三枚帆一艘、中ノ瀬に九反帆から三枚帆までの船が二艘、百堂には五反帆から弐枚帆までの船が五艘あり。これらの船は所々の荷物をつみ近領の浦々（港）に漕ぎだす。また瀬戸内へもわたる」とある。ただし百堂は、大野川対岸への渡し場である。下徳丸村には、「三枚帆の船が一艘ありて」「常に百堂川に繋きて臼杵・佐伯等の浦々に網を積みて運漕す、網は鰯そのほか諸漁の網であり村内にてこしらへたるものあり」とある。比較的大きな「九反帆」の船が瀬戸内方面へ、中型の「五反帆」の船が近領の浦々へ高田輪中の産物を運んでいたことがわかる。また下徳丸村では、臼杵藩領や佐伯藩領の鰯漁などで使用する網を作って運んでいる。

船による運漕は、高田の村々の船ばかりではない。鶴崎、乙津、三佐の港には、さらに夥しい数の船があって、瀬戸内や大坂へ行き交っていた。鶴崎周辺の町村の船をあげてみたい。

鶴崎町…一四反から八反帆までの浦船六艘。二枚帆の船一艘。小伝間船一艘。

国宗村…一二反帆から九反帆までの浦船三艘。小伝間船二艘。

小中島村…一六反帆から三反帆までの浦船一四艘。小伝間船五〇艘。

志村…三枚帆から二枚帆までの浦船一二艘。伝間船四〇艘ほど（『高田風土記』）。

これらの船のうち「浦船」は、その帆の大きさから瀬戸内海を行き来して、大坂までも荷を運んだ船であると推測される。

さらに鶴崎港には、布屋・友屋・花屋・木屋・伊勢屋・舛田屋・大嶋屋・よろつ屋・柳屋・嶋屋・肥後屋・はりま屋などの屋号をもった船主がいたことが知られている。これらの船は、安芸国忠海港（現広島県竹原市）に入港した船であり（忠海港の江戸屋および浜胡屋の「客船帳」による）、瀬戸内海をさかんに行き来していた（豊田寛三）。それを裏付けるように、『高田風土記』の鶴崎町「産業」

の項には、「船問屋十三軒」とある。さらに鶴崎と大坂の「近さ」について、同じく「風俗」項に「船路の便利よきゆえ、大坂などへ通商するもの多く、おのづから其風うつり、惣体花奢の風ありて、外をかざり、わけて飲食の奢つよく遊惰の俗多し」とある。華奢な風俗をいましめているのであろうが、鶴崎は「大坂の風」が移るほど人の行き来が頻繁だったようだ。

また、夥しい数の他国の浦船や旅船が、鶴崎だけでなく近くの乙津や三佐などの港に立ち寄っていたものと思われる。こうした船が、高田輪中とその周辺を大坂や瀬戸内へと結びつけていたのである。

肥料と燃料

高田輪中には、輪中であるがゆえに山林原野がない。かつて、山林原野は肥料や燃料の調達地であった。通常の村には、入会地《いりあいち》という共有の山林原野があって、村びとはこれを利用することができた。高田には山林原野がないがゆえに、輪中の人びとは肥料と燃料に苦労した。

『高田風土記』の堂園村の項に「(高田輪中には) 山林原野がないので、薪《たきぎ》・秣《まぐさ》・『かしき』などに乏しい。それで皆、臼杵藩領に札料をだして山札を取って、二里・三里余りを経て、一年中薪や秣を調達しなければならない。洲ヶ在八ヶ村はどこもおなじである」とある。薪はよいとして、秣は牛馬の餌にする草である。「かしき」とあるのは刈敷《かりしき》のことで、田畑で肥料として使う草である。同じ堂園村に「馬にふませてこやしにする」とあるが、これが刈敷である。

こうした草木は、大野川を隔てて東側の臼杵藩領の山林に頼っていた。もちろんただで利用することはできない。臼杵藩では、入山を許可する鑑札（これを「野山札」という）を大野川周辺の他藩の村々に発行していた。熊本藩領へは二六四枚、幕府領へは八二枚、延岡藩領へは一〇一枚、合計四四七枚にのぼる。この「野山札」は、一枚につき年額銀二匁二分であった（豊田寛三）。高田輪中の人びとはこのような負担のうえに、二里（約八キロメートル）から三里もの距離を燃料・肥料・飼料としての草木を運んでいたのである。

次に肥料についてみてみよう。『高田風土記』には「土地糞壌」という項目もあって、土の質や使用している肥料の記述もある。ここでも堂園村をあげるが、そこには「糞は専ら油粕を求めて使う。ほかには小雑魚・鰯をもとめ、また鶴崎より水糞を求めて使う者もある」とある。油粕は、大豆や菜種の絞り粕を発酵させて使う肥料である。また「小雑魚・鰯」は干鰯《ほしか》のことであろう。干鰯は鰯を搾ったあと、乾燥させて肥料にした。油粕も干鰯も金肥といわれ、お金で買い求めて使う高価な肥料であった。また「鶴崎より水糞を求めて」とは、鶴崎の町から買い求める人糞尿であろう。例えば江戸の周辺の農民たちも、江戸市民の人糞尿を求めて肥料にしたが、鶴崎町という小都市の周辺でも同様のエコサイクルが成立していたのである。

農民層の分解と富裕層の形成

『高田風土記』には、「戸口牛馬」という項目もある。文字通り、村ごとの戸口数や牛馬数が記載されているのであるが、ここで面白いのは、百姓を三つの階層にわけてその軒数を記載していることである。どの村も三つの階層に分けているから、おそらく作成者としては「上層・中層・下層」

と認識しているのであろう。ただし、上中下のうち「下層」は、「無高〜一石」または「無高〜二石」である。しかし、「中層」と「上層」は、かなり石高数の幅に違いがある。従って、相対的な比較ということになる。

どの村も無高もしくは無高に近い「下層」の農民が、六割以上をしめる。特に関門村はこれが九割に達し、常行村も八割に近く、上徳丸村も七割を大きく超える。いっぽう、常行村、上徳丸村、下徳丸村には、三〇石を超える富裕層、すなわち地主の存在がうかがわれる。『高田風土記』には、洲ヶ在八ヶ村（高田輪中の村々）について、「八ヶ村共に地味良きゆえ村の状況もよく、中には極貧の者も有るが富民も多く」とあり、極貧の者と同時に「富民」が存在していることを指摘している。ここでは農民層が分解し、無高百姓の群とともに少数の地主がいることを示唆している。

さきに用いた『高田村是』の明治四二年のデータによれば、高田村の平均所有面積（主に畑地）は六反五畝二一歩である。しかし、この平均面積の畑を所有する者は八五戸しかなく、三一八戸（七三パーセント）は平均に達しない。そしてわずか二割の地主が、この村の八割の土地を所有しているという。この状況を『高田村是』は、「資産の不平均なるを知る」「貧富の懸隔《へだたり》甚しき」という。そして一握りの地主たちは、「概ね所有地はことごとく小作にゆだねて、商業に資を投じている」とする（豊田寛三）。こうして、江戸時代後半から明治期にかけて農民層が分解し、富裕層（大地主、企業経営者）が形成されたのである。あの波奈之丸を購入した首藤家（首藤長治郎）は、高田村最大の地主で、約四〇町もの土地を所有していたという（『研究小報一二集』）。

第六章　輪中の刀鍛冶と野鍛冶《のかじ》・入鎌師《いれかまし》

細川家に伝来する文化財を保存している財団法人永青《えいせい》文庫に国宝に指定された豊後刀がある。この太刀には、「豊後国行平《ゆきひら》作」の銘がある。この行平こそ、高田鍛冶の祖といわれる刀匠である。行平は平安時代末から鎌倉時代前期の刀工で、元久二年（一二〇五）の銘を切った作品が残っている。この頃、後鳥羽上皇が全国の刀剣の名工二四人を京都に集めて作刀させたと伝えられているが、行平も集められた刀工のひとりである。

高田輪中には鎌倉時代以来、刀鍛冶の集団があった。『高田村志』によれば、鎌倉時代以来明治にいたる約七〇〇年間に古刀（慶長以前の刀）一六四名、新刀（慶長以後の刀）九一名、合わせて二五五名におよぶ高田刀鍛冶の刀工の名前が知られているという。高田刀鍛冶は、戦国期には大友氏に仕え、江戸時代にはいると熊本藩のお抱えの御用刀鍛冶となった。

刀鍛冶ばかりではない。高田には、江戸時代後期の最盛期には、五〇～六〇軒もの野鍛冶（農鍛冶）もいた。彼らは農業の傍ら農具を作成し、農閑期にはそれを携えて行商した。鍛冶業は高田輪中の一大伝統産業であり、入鎌師《いれかまし》（農具の行商の元締）の成功は、高田輪中に富を蓄積することにもなった。

国宝「古今伝授の太刀」

永青文庫所蔵で国宝に指定されている太刀は、通称「古今伝授《こきんでんじゅ》の太刀」という名で知られている【写真28】。慶長五年（一六〇〇）の関ヶ原の戦いを前に、細川幽斎《ゆうさい》（忠興の父）は石田三成軍に攻められ、丹後国田辺城（現京都府舞鶴市）に籠城し苦戦を強いられた。細川幽斎は、戦国武将であると

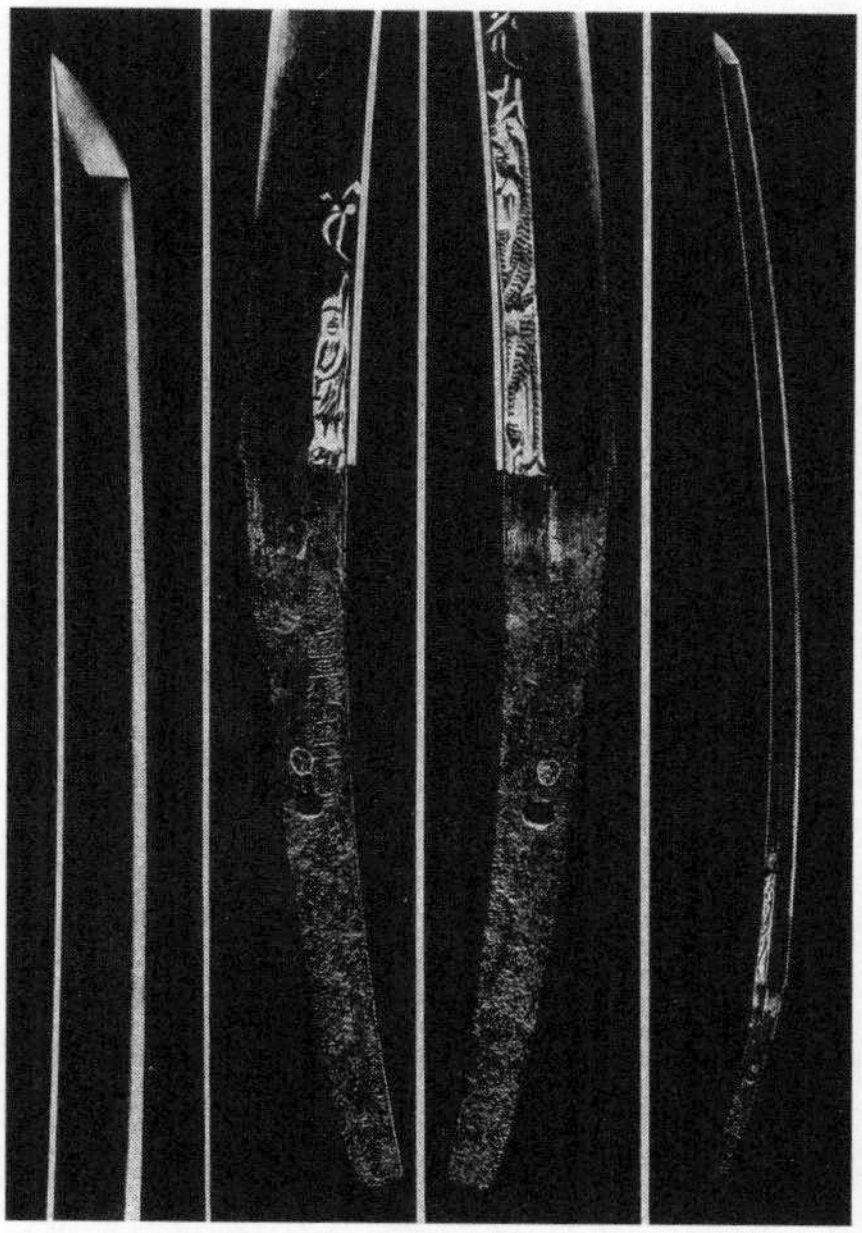

【写真28】古今伝授の太刀（『大分県史美術篇』）

ともに古今伝授を伝える数少ない人物であった。古今伝授とは、『古今和歌集』の解釈を中心に、歌学や関連分野のいろいろな学説を師から弟子へ「秘説相承」で伝授するものである。そのため幽斎が、古今伝授をしないまま死亡することをおそれた後陽成《ごようぜい》天皇は、烏丸広光らを勅使として田辺城に派遣し、勅命によって講和を促した。和睦は成立し、幽斎は死を免れた。幽斎はその労に感謝するとともに、広光に古今伝授を行った。この時に幽斎から広光の手に渡ったのが、この行平の太刀で、のちに「古今伝授の太刀」とよばれるようになった。昭和初期に烏丸家から出たこの太刀を細川護立《もりたつ》が見いだして購入したことで、再び細川家の収蔵品となった（「特別展細川家の至宝」）。

この「豊後国行平」とは、後鳥羽上皇と縁のある紀新太夫行平であり、高田輪中ではじめての刀鍛冶といわれている。行平の太刀の特徴は、刀身に彫刻を施していることである。東京国立博物館所蔵の「太刀　銘　豊後国行平作」（重要文化財）には、倶利伽羅《くりから》竜王《りゅうおう》の彫刻がある。行平は、日本刀に彫刻を施した最古の刀工ともいわれている。大分県立歴史博物館所蔵の「太刀　銘　豊後国行平作」（大分県指定有形文化財）は、尾張徳川家から伊予西条家に下賜されたものであり、これに

【写真29】行平の墓

も倶利伽羅竜王が施されている。行平の作品は、有力大名の愛刀として大切にされていたことがわかるが、それほど行平の作品の評価は高かったのである（「日本の美意識・刀剣と金工」）。

江戸時代における高田の刀工たち（「豊後高田鍛冶」）は、この紀新太夫行平の子孫と称している。しかしこれは、高田鍛冶の刀鍛冶としての由緒を仮託したものであって、系譜上のつながりはないとされる（秀村選造（二））。なお高田の関門には、この紀新太夫行平の墓がある【写真29】。ただこの墓はその様式から、後代に造られたものといわれている。

豊後国の刀剣（豊後刀）

川口陟著『刀工総攬』によれば、旧国名別の刀工の数は、多い順に備前・美濃・山城・武蔵・大和と続き、その次が豊後である。新古刀を通しての豊後国の刀工数は、四二八人で全国六位だという。豊後刀の評価は、「品位に乏しく凡作にて丈夫で折れず、曲がらず、よく切れるのは評判であったが、姿形や波文等にみるべきものが少なく実戦用のものがほとんどである」という。現在、日本刀の世界で評価が高いのは、美術品としてのそれである。しかし日本刀は武器であるから、「折れず曲がらず、よく切れる」というのは、豊後刀が良質であったことを示している。またさきの「古今伝授の太刀」のように、美術品として評価が高い刀もある。豊後は、「政治の中心から遠く離れた地方であるにもかかわらず、その歴史は古く、多数の刀工を擁して多くの優秀刀を鍛えた特筆すべき地域」といえるのである（『大分県史美術篇』）。そしてこの豊後刀の多くが、高田輪中で生産されたのである。

ちなみに日本刀においては、製造時期によって古刀、新刀、新々刀という区別がある。慶長元年（一五九六年）より前に造られた刀は「古刀」、慶長以降明和元年（一七六四）より前の刀を「新刀」という。明和元年以降、明治九年（一八七六）の廃刀令までに造られたものを「新々刀」とよんでいる。

豊後高田鍛冶

江戸時代につながる高田鍛冶のはじまりは、南北朝期の「豊後高田住友行」といわれる。この系統の刀工は、「豊後高田住何某」と銘を切ることが多い。室町時代の高田の刀工で「豊州平何某」と銘を切って平姓を名乗る刀工たちもいた。これらは、「平高田」と呼ばれる。いっぽうこれとは別に「豊後国高田藤原何某」と銘を切る系統があって「藤原高田」とよばれる。この藤原高田の刀工も南北朝時代から作刀したが、江戸時代に入ると新刀鍛冶として大いに活躍した。この藤原高田が、以下に紹介する高田輪中関門《せきかど》村に住んで刀を造った高田刀鍛冶である。いっぽう、江戸時代の高田刀鍛冶は本姓を「藍沢《あいざわ》」と称しているが、この藍沢氏はもと伊予河野氏の家臣であって、豊後国にきてから大友氏に仕えたとも伝えられている（秀村選造（一））。さきの藤原高田と藍沢を本姓とする高田鍛冶とのつながりは判然としない。いずれにしろ、中世から高田輪中には優れた刀鍛冶がいて、鍛刀を続けてきたことは間違いない。

「平高田」は大友氏滅亡後、次第に衰退した。その後、「平高田」の刀匠たちの活躍はみられなくなる。いっぽう「藤原高田」は、江戸時代になって熊本藩に仕え、大いに活躍する。江戸時代に造られたいわゆる新刀のほとんどが、この「藤原高田」の刀工たちの作である（高田浩己）。

『高田風土記』には、関門村に「御郡代直属の刀鍛冶六人本村に雑居している」とある。これは、熊本藩お抱えの刀鍛冶の集団（御用刀鍛冶）である。『高田風土記』が編まれた文化一〇年（一八一三）から五〇年ほどさかのぼった宝暦年間（一八世紀中頃）に成立したとみられる「肥後国中寺社御家人名附」（『熊本近世史料叢書二』所収）には、「刀鍛冶六人」の名前がみえる。すなわち、高田忠行・則平・行次・勝行・正次・国平の六人の刀工である。そして彼らは、熊本藩から扶持を給された御用刀鍛冶であった。高田忠行が一〇人扶持、その他の五人がそれぞれ四人扶持である（豊田寛三）。

「六人」というが、実際には「六家」である。六家はそれぞれの家に鍛冶小屋をもち、それぞれの家族単位で刀を造っていた。この高田輪中関門村の刀工集団を、「豊後高田鍛冶」と称する。

高田にはこの熊本藩お抱えの刀鍛冶のほか、野鍛冶（農鍛冶）といわれる農具や包丁を作成する鍛冶屋が最盛期は五〇〜六〇軒もあった。鍛冶業は、この小さな高田輪中の一大産業だったといっても過言ではない。

高田刀鍛冶の履歴書

安政六年（一八五九）に高田手永惣庄屋岡松俊助が、鶴崎の郡代宛に提出した「高田鍛冶」の「履歴書」ともいうべき文書がある（秀村（一二））。かなり長文の史料であるが、要約しながら高田刀鍛冶の「履歴」を紹介してみたい。

われわれ「高田鍛冶」は「在御家人《ざいごけにん》（熊本藩の郷士）一列」で、「御郡代御直触《じきぶれ》（郡代から直々に通達を触れられる者）末席」（鶴崎の郡代から直々に通達を触れられる家来の末席）でございます。藩から扶持を頂いている六家は、いずれももと大友家の家臣で、本姓は「藍沢《あいざわ》」と申します。大友氏が豊後に下向した時に、これに従ってきた者で、もとはそれなりの所領（土地）も有していました。豊後国に来て以来、刀鍛冶の技術を向上させ、現在は鍛冶の専門職人となりました。大友家以来、七〇石の「引高」（本来納めるべき年貢から差し引かれる石高。差し引かれた分は、実質的な収入となる）が許されましたが、寛永一一年には引高が三五石五斗に減らされました。天和年間（一六八〇年代）には、（六家のうち中心的な）高田忠行家は、一〇人扶持を下されました。安永三年（一七七四）には、さらに引高が一石七斗五升に減らされました。残りの五家は、享保年間（一七〇〇年代前半）に五～六人扶持を与えられました。

宝永五年（一七〇八）七月、霊雲院様（四代藩主細川宣紀）が江戸から国許《くにもと》（熊本）へ帰られる際、鶴崎に滞在されました。その時鶴崎の御茶屋にて、われわれ高田鍛冶が作成した刀剣を献上しました。すると代金として格別に銀を拝領しました。その後正徳元年（一七一一）五月、朝鮮国の使節が到来したときに、将軍家御用の太刀を一振作成するよう仰せ付けられました。太刀が完成し、江戸へ差し出しましたところ、銀七枚（丁銀七枚であれば、一両一〇万円として五〇万円弱ほどか）

を拝領しました。（中略）この鍛冶の面々は、古くから慣習として御郡代直触末席でございました。いずれも旧家でありますから、これからも相応の地位を与えてくださいますようお願いいたします。

「履歴書」から分かることは、①熊本藩において高田鍛冶は、郷士格で郡代直属の家来の末席であること、②高田鍛冶の本姓は藍沢で大友家の家臣であったこと、③高田鍛冶は大友家の豊後国への下向に従ってやってきたこと、④大友時代以来江戸時代に至っても年貢上の優遇措置を得ていたこと（つまり、お抱えの職人であったこと）、⑤高田鍛冶の中心的な家忠行家は一〇人扶持で、その他は五〜六人扶持であったこと、⑥藩主の下向の際に刀剣を献上していたこと、⑦将軍家（幕府）へも太刀を献上していたこと、⑧見返りに藩主や公儀から銀を得ていたこと、などである。ただし、これはあくまでも自己申告した「履歴書」であるから、すべてが正しいとはいいがたい。とくに③については、はっきりしておらず、瀬戸内海の河野《こうの》氏の家臣だったとする説もある（福川一徳）。また、惣庄屋を通じて履歴書を郡代へ提出したのは、これまで通りの身分や地位を藩に保証してもらうことにあった。

いつから熊本藩お抱えか

ところで高田刀鍛冶六家は、いつから熊本藩お抱えとなったのか。すでに何度か引用している『新刀豊後国高田鍛冶史料一』に「高田家代々日記覚」という史料が含まれている。この史料には、六家のひとつ高田正次家の初代正次が熊本藩に抱えられるまでの経緯が書かれている。これも現代語に直して、紹介しておきたい。

関門村の高田正次は、一六歳の時から鍛冶の仕事に心を寄せていたが、一九歳になったとき「大公儀」（熊本藩）から「刀鍛冶の子孫か」とのお尋ねがあった。その頃から作成した刀剣を藩に献上するようになった。しかし技が未熟だったため、銀三〇〇目（目は匁と同じ。一両一〇万円とすると約五〇万円）を拝領し、稽古に勤しんだ。

そのうち、佐伯藩の藩主毛利周防守《すおうのかみ》様から刀鍛冶として抱えたいと懇望された。しかし、まだ技が未熟であるとして、三人扶持をもらって稽古に励んだ。そして二六歳になって佐伯（藩）に移り、はじめて道具（刀剣類）を作成するよう申し付けられた。（佐伯の）殿様は焼き入れなどの作業を御覧になって、これは「古今の見物」であるといわれ、これを所望され酒肴を下された。その後、八人扶持を与えられることになった。二八歳になると、五社大明神の宝物として、十文字鑓を奉納した。その後、殿様用にも同じ十文字鑓を造るよう仰せ付けられ、作成すると傷もなく良いできあがりの鑓ができた。殿様もとても喜ばれ、金子三〇〇疋（銭二五文が一疋）を頂戴した。この時思ったのは、このまま熊本藩以外の御家に仕えるのは如何なものだろうかと。しかしこの年は、軍用の鑓を「廿筋」（二〇本）と「矢ノ根」（矢の先端、鉄製の鏃《やじり》）を作成し出来次第献上した。しかし、今から二九年前に火が消え絶えてしまった「亡所」（先祖伝来の鍛冶小屋）に戻るようにといわれたので、早速高田に戻ってきた。

折りから、龍徳院様（隆徳院＝五代細川宗孝か）が熊本に入国されるので、刀と十文字鑓ならびに矢の根をご祝儀として献上した。すると殊の外お喜びになり、これは立派な細工であるといわれた。そして祝儀として銀子五枚を下された。しかし、熊本藩の御用刀鍛冶にはなれないままだった。

そこで今度は玖珠の森藩に参り仕事をしていると、久留島信濃守《くるしましなののかみ》様（森藩主）から、御用刀鍛冶になるよう懇望されたので三人扶持で御奉公することになった。そこで早速、刀を献上したところ、褒美として銀子一枚を拝領した。殿様からは、このまま森藩にとどまるようにといわれた。

こうした事情を鶴崎の御役人様に申し上げたところ、熊本藩に仕えるようにと仰せ付けられた。それから四人扶持をいただくことになり、殿様に刀や十文字鑓、それに矢の根をご祝儀として献上した。すると銀子五枚を頂戴することになり、重ね重ね有難き幸せだと思った。（後略）

高田正次の経歴で面白いのは、熊本藩から「稽古料」（修行のための奨学金）として銀三〇〇目を頂きながら、その後は佐伯藩や森藩で刀剣類を造っている。そして森藩の御用刀鍛冶に誘われたことを鶴崎の役人に伝えると、高田に呼び戻されている。その後、熊本藩の御用刀鍛冶となり四人扶持を得て、その後は代々熊本藩に仕えている。森藩からの勧誘を熊本藩に伺った（わざわざ知らせた）行為は、正次の「作戦」だったかも知れないが、熊本藩側も、他藩への刀鍛冶の流失を恐れた節がある。

他の史料によれば、高田正次は延享四年（一七四七）に熊本藩に召し抱えられて御用刀鍛冶になったという。他の五家はというと、高田勝衡家が天和年中（一六八一〜）に一〇人扶持を、高田忠光家・高田則平家・高田秀行家がいずれも享保元年（一七一六）にそれぞれ四人扶持を、高田久行家が享保年中（一七一六〜）に四人扶持を得て御用刀鍛冶になっている。そうすると、高田正次家が六家のうちでは、最も遅いことになる。ただ「高田刀鍛冶六家」の成立は、概ね一八世紀初めから前半ということができる。しかし、なぜ熊本藩はこの時期に新たに御用刀鍛冶（お抱えの刀鍛冶）を「採用」しなければならなかったのか。その具体的理由は不明である。しかしさきの正次の事例からは、熊本藩が高田刀鍛冶の他藩への流失を抑え、藩内に囲い込む必要から御用刀鍛冶として「採用」した可能性が考えられる（蓑田勝彦）。高田正次もそのような状況を把握していて（情報を得ていて）、みずから熊本藩と接触したのではなかったろうか。

刀の成作と献上

高田刀鍛冶の本来の職務は、どのようなものだったのか。いうまでもなく刀剣を拵えて、藩主や藩に刀剣を献上するわけだが、彼らが特に輝いたであろうふたつの出来事について紹介したい。

宝永五年（一七〇八）七月一九日、「主税様」（三代綱利か）が鶴崎に御着船になった。同月二〇日と二一日も鶴崎に逗留されていたが、この時、高田忠行と行恒が鶴崎の御茶屋に呼び出され、太刀の作成を命ぜられた。にわかに鍛冶床を拵え、太刀ひと腰（一振）を鍛え、焼刃（焼き入れ）を行い太刀を御覧に入れた。すると、鶴崎郡代郡源五右衛門殿に殿様の言葉が伝えられたところによれば、（殿様は）「古今珍しく立派な細工である」といわれ、たいへん御機嫌がよかった、という。さらに両名に対し、「これからも随分出精し刀の作成に励むように」との言葉も伝えられた（秀村（一））。

このように藩主が下向する際、鶴崎に着船するたびに、祝儀として太刀や鐔を献上している。この時は、直々に御茶屋に呼び出され、御茶屋で太刀を作成して献上している。そして、褒美として銀などを拝領するのである。

ずっと時代が下って弘化四年（一八四七）には、高田刀鍛冶六家が揃って、「御天守方御番刀鍛方」を行っている。これは、熊本城の天守を警護する番役の刀の作成と思われる。この時、六家は一四項目におよぶ「仕法筋并平常一手心得方」という、刀の鍛造の方法と鍛造上の心得を取り決めている。いくつか紹介したい。

まず鍛造の方法は「高田古伝」を用い、他の流儀は一切加えないことと、すなわち高田刀鍛冶伝来の方法で刀を鍛造する。つぎに「見懸《みかけ》」を競わず「堅固第一」と、その実用性を重んずる。長さは「二尺三寸位」、重さは「弐百四拾目」を超えないようにする。表の銘は「祖自《より》何代孫高田何某作」と彫ること。裏の銘は「年号月」を彫ること。反りは、七歩位に仕立てる。刀を鍛えたあと、焼き入れをする前に勝衡宅に持っていって指図を受けること（勝衡がリーダー格であることが分かる）。一か年でまずそれぞれ三本ずつ献上することになっているが、追加を求められたら断ってはならない。この六家は、「万端熟和」に寄り合い、少しも自分勝手な言動をしてはならない。それは御奉公が第一だからである。そして最後に、直国、行秀、則平、久行、忠光、勝衡の順に署名している。こうしてみてくると高田刀鍛冶六家は、「刀工集団」として伝統と技法を重んじ、「集団」として熊本藩に仕えていたことがわかる。

ところで高田刀鍛冶は、献上する刀剣ばかりで生計を維持していたかというとそうではない。「注文打ち」といって、武士個人から注文を受け刀を打った。また、神社仏閣から注文を受け、刀を奉納することもあった。また注文打ちではないが、参勤交代などで藩士が高田を訪れ、直接刀を買い求めることもあったという（高田浩己）。

また年号が欠けているが、「刀鍛冶の高田正寿が、この春から戸次《へつぎ》付近の村々（熊本藩領）で、農具とくに鎌を作成して売りたいというので宿などの便宜を図って欲しい」という内容の文書を惣庄屋の岡松数右衛門から、戸次の門前《もんぜ》村以下八人の庄屋に出している。また文政三年（一八二〇）にも、高田正次の甥徳次郎が門前村で農具を作って渡世（生活）したいとの願いを郡代宛に提出している（秀村（二））。このように高田の刀匠たちは、農具も作成していたことがわかる。熊本藩お抱えの御用刀鍛冶とはいえ、御用筋だけの仕事（わずかな扶持）では、生活はきびしかったものと思われる。

高田刀鍛冶の身分

高田刀鍛冶は、熊本藩お抱え（御用刀鍛冶）で「苗字帯刀を許されて」いたといわれる（福川）。しかし蓑田勝彦によれば、熊本藩の藩政史料である「町在」には、「郡代直触」の「身分」を認めるとか、「苗字帯刀」を認めるとかという記述は全くないという。ただし「高田」という姓を認める形で記載され、実際に「郡代直触」の「扱い」を受けていたことは間違いない。

蓑田は「苗字帯刀」のうち、「帯刀」は公式に認められていたとする。それは高田勝衡家の初代忠行に関する資料の中に「これまで高田鍛冶は帯刀禁止のままであった。ところが忠行の弟子たちが三佐の岡藩領や日出藩にいるが、彼らは帯刀を認められている。これでは『子弟不釣合』であるから、忠行に『刀御免』を認めて欲しい」との申請書が熊本藩に提出され、藩もまたこれを承認したことを示す史料がある（宝暦一〇年（一七六〇）六月一五日）。

いっぽう「苗字」を認める史料はないという。そもそも「苗字」認めるならば、その姓は「高田」ではなく本姓の「藍沢」でなければならない。高田という姓が史料の中で使用されているのは、慣例に過ぎないという。

さらに高田刀鍛冶六家は、一・七五石から〇・三九石余、平均すれば一石ほどの「引高」を認められている。この「引高」というのは、「本来納めるべき年貢の高から、この分だけを差し引いて納めてよい」という意味のものである。つまり「引高」によって、税制上優遇されているということである。そもそも「高」（年貢）が賦課されているのは、身分的には百姓に他ならない。蓑田は、「刀鍛冶の人々は年貢納入の義務を負う土地をもつ存在、つまり基本的には百姓身分と考えられていたことになる」という（蓑田）。

御郡代直触末席

高田刀鍛冶は、「基本的には百姓身分」だといったが、単純にそうといい切れない面もある。それは、「御郡代直触末席」という職責にまつわる任務である。嘉永元年（一八四八）、高田正次家四代直国は、上徳丸村の儀条という僧侶が「鶴崎牢屋」に押し込められたとき、四昼夜にわたって牢番を務めている。また嘉永五年（一八五二）、藩主が下国途中に鶴崎に滞在した際、「御茶屋御番所」の番役を務めている。

安政二年（一八五五）、直国の息子の仙之助（五代正次）は、高田手永南村の熊吉（『新刀豊後国高田鍛冶史料二』では、品吉となっている）が高松陣屋（現在の大分市内にあった幕府領の高松）の牢を破って逃走した際、行方を追って別府付近まで追跡している。脱獄した熊吉も高田の者であったが、実は脱獄を許した二人の番人も、高田手永の者だった。関係者がいずれも熊本藩高田手永の者であったため、高松陣屋の奉行松野源太夫から鶴崎郡代に知らせがきたようである。熊吉は結局、現在の宇佐市安心院町で熊本藩の在御家人（郷士）に捕縛されている（吉村）。この在御家人も熊吉の面相をよく知る、高田の者であった可能性が高い。こうしてみてくると、彼らは刀鍛冶でありながら、郡代の命を受けて様々な任務を行っている。おそらく在御家人という扱い（身分）から、牢番や脱獄犯追跡などの職務が発生しているのであろう。

ただしこうした任務は、四代直国とその息子五代正次（仙之助）のときに集中している。実は四代の直国は「自源流剱術」「三破神伝流砲術」の、五代正次（仙之助）は「新陰流剱術」「三破神伝流砲術」の免許皆伝を受けている（秀村（二））。百姓身分の者が、剣術や砲術の免許皆伝を得ることは皆無ではないにしろ、通常はあまりない。直国や正次が、郡代の配下として任務を遂行したのは、こうしたことが関係しているのかも知れない。いずれにしろ高田刀鍛冶は、単なる百姓身分ともいい切れない面がある。ちなみに明治一一年（一八七八）の「高田家世代履歴取調書」には、四代直国について「明治四年辛未七月藩政御改革ニ付、士族編入被申付候」とある。直国は明治にはいると「士族」に編入された。

キリシタン類続としての高田刀鍛冶

高田刀鍛冶たちは、もとキリシタンだったという。キリシタンの子孫は、転宗しても「キリシタン類続」とよばれ、代々取り調べや弾圧の対象となった。高田刀鍛冶は、定期的に「キリシタンでない」ことを申告しなければならなかったようである。例えば安政四年（一八五七）に直国と則国の連名で郡代に提出した「覚」には、「切支丹宗門のことは、前々より怠りなく取り調べて参りました。先年藩より出された法度の意に従い、私の家では家族はもちろん同居して生活をともにしている者もふくめ、厳重に取り調べた結果、不審な者はございません」とある。

次のようなこともあった。「高田鍛冶加四郎」が寛政一〇年（一七九八）に死去した。この「加四郎」とは、別の史料を見ると「嘉四郎　豊臼杵に行き居住、寛文《ママ》十年に高田に帰り死去」とあることから、二代正寿の弟寿行であろう（年代から考えて寛文は寛政の誤りか）。嘉四郎が死去すると、彼は「類続」であるからという理由で、鶴崎町福正寺の僧侶が、嘉四郎の死骸を取り調べている。その上で、「病死に間違いございません」と「類続御改所」の佐久間平太夫と中村左助に届け出ている（秀村（二））。死骸をみると、キリシタンの何かが分かるのか、また病死でなければ何が問題になるのかはよく分からない。しかしキリシタン類続は、死後その遺体まで改められていたのである。

洪水・地震に見舞われる

文久二年（一八六二）八月の洪水は、「閏八月九日から、辰巳（南東）の風が甚だしく、翌日には北東の風となって暴風雨となった。一一日になって、前代未聞の大洪水となった。大野川の増水は三丈五尺（一〇メートル以上）所によっては五丈二尺（一五メートル以上）にもなった。鐙鼻《あぶみばな》をはじめ、堤防が四か所で決壊。決壊箇所の総延長は七九六間（一四五〇メートル）。流失家屋三〇七軒、死亡行方不明三六人、流された牛馬二三頭。耕地は荒廃して惨状を窮めた」。いうまでもなく、高田の刀鍛冶たちも、被害に遭った。

高田直国と則国父子は、連名で被害の窮状を訴えた。「閏八月一一日夜は強風洪水のため、居宅と鍛冶小屋が浸水しました。居宅の水位は、六尺五寸（約二メートル）から九尺五寸（三メートル弱）ほどにもなりました。畳や建具はもちろん、塩や味噌までも水に浸かりました。また衣類や諸道具、鍛冶道具も流失しました。居宅も鍛冶小屋も大破してしまいました。このような状態ですので、何分自力で再建することができず、「難儀至極」でございます。今回の洪水では、高田刀鍛冶すべてが被害に遭いましたので、お互いに借金することもできません」と。そのため、七〇〇目ずつあわせて一貫四〇〇目の借金を郡代と惣庄屋に対して申し出ている。この嘆願書は「文久二年二月」に出されている。しかし洪水は、文久二年（一八六二）の閏八月のことだから、月に誤りがあると思われる（または「文久三年」の誤りか）。

何と最大で三メートル近くの洪水に、居宅も鍛冶小屋も洗われた。恐らくこの時の洪水で、高田直国はすべてを失ったのだろう。ただし、身内に人的な被害が出たとは書かれていない。高田刀鍛冶六家は、同じ関門村に居住しているから、他の家も同じような状況だったろう。ただ嘆願書は直国家だけが差し出しており、他の五家は口添えをしている。従って、特に直国家の被害が大きかったものと思われる。ただし、借金が実現したかどうかは分からない。

洪水だけではない。地震にも見舞われた。右の文久二年に先だつ八年前、安政元年(一八五四)一一月五日、安政南海地震が発生した。震源は紀伊半島から四国沖、地震の規模はマグニチュード八・四と推定されている。現在の大分県の中心部(大分市・別府市)では、震度五~六だったといわれる。また佐伯市には、三メートルほどの津波も押し寄せたという。激しい揺れに襲われたのは、午後五時頃であった。鶴崎御茶屋では、太鼓櫓が崩落した。一〇余棟の船御蔵倒壊。郡代屋敷も廊下が二か所で崩落。鶴崎周辺の倒壊家屋は二〇〇近く、死者二名、けが人多数。臼杵でも、沿岸部を高波(津波)が襲っている。『高田村志』には、倒壊家屋数百軒。所によっては地割れがみられ、「泥水の湧出せしもあり」とある。「泥水の湧出」とは、おそらく液状化現象であろう。

さらにこの二日後には、豊予海峡地震が発生した。七日午前九時過ぎ、再び強い地震に襲われた。この日の被害は、五日の地震よりさらにひどかった。鶴崎御茶屋の建物は、ことごとく倒壊した。鶴崎周辺では、大騒動となった。地震で米も埋もれてしまったため、御茶屋では御米蔵の「黒米」(玄米)を一人一升ずつ被災民に放出した(吉村)。

この地震でも、高田直国家は大きな被害を受けた。そしてこの時にも、直国家は「銭弐貫目」を藩に無心している。「私は一昨年冬の非常地震の時、鍛冶場および居宅が大破しました。そのため居宅に住むことができなくなりました。今のところ、自力での再建ができておりません」とある（秀村（二））。高田輪中の人々は、短期間に何度もの大災害に見舞われた。

ちなみに安政南海地震は、実は嘉永七年（一八五四）一一月五日に発生した。しかし、前年の黒船来航、その後の内裏の炎上、さらに大地震などの事件や災害が立て続けに起こったため、時の孝明天皇は一一月二七になって嘉永から安政に改元した。そのため嘉永七年は安政元年となり、大地震も安政南海地震と呼ばれている。当時の「落首」に「安政というより早く大地震　こんなことなら嘉永でもよし」というのがあった（『高田村志』）。「安政と改元するより早く大地震。こんなことなら変えなくて（改元しなくて）よかったではないか」と。

玉鋼《たまはがね》はどこから

大野川下流、高田輪中付近には、古くから砂鉄があったという。高田の刀工たちは、おそらく古くは大野川の砂鉄を採取して鉄を作り、刀を打っていたものと推測される。しかし、江戸時代になると日本刀になる玉鋼の多くは、中国山地周辺で作られ、全国に流通した。高田の刀工たちは、刀剣などを藩主に納めるのであるが、上質な刀剣を打つためには上質の玉鋼が必要であった。

日本刀の原料となる玉鋼は、砂鉄を溶解させて作られる。砂鉄を溶かしてできた鉄の塊を鉧《けら》というが、刀になる玉鋼はその鉧の中でも特に上質な部分でわずかしか採取できない。『新刀豊後国高田鍛冶史料一』や『新刀豊後国高田鍛冶史料二』をみても、よく分からないのが玉鋼の調達先と調達方法である。管見の限り、これまで大分県で刊行された地方史関係の書物で、玉鋼の流通に関する記述を見いだすことができない。ただ、中津藩が享保九年（一七二四）に城下の移出入品の調査をしているが、その移入品の中に絹布、薬種、小間物、鍋、釜、瀬戸物、藍玉などとともに「鉄」があげられている（『大分の歴史（5）小藩の分立』）。しかしこれが玉鋼なのか、またどこから移入したのかなど、詳細は不明である。

九州で比較的大規模に製鉄を行っていたのは薩摩藩だけで、九州の諸藩は主に出雲《いずも》・石見《いわみ》・伯耆《ほうき》など中国地方（特に山陰地方）で造られた鋼を購入していた。江戸時代、鉄は海外からの流入はなくほぼ国産で賄われていた。国産の鉄を「和鉄《わてつ》」というが、日本国内の産鉄量の六～七割が中国山地周辺で生産されたという。和鉄の流通は、はじめ大坂が中心であったが、近世後期には各地の鉄問屋商人と産地の鉄山師との直接取引が主流となる。こうして、九州側の移入鉄の主流は、石見《いわみ》鉄であった。九州からは、船を仕立てて直接購入に行った。このうち、「浜田外ノ浦」（現島根県浜田市）で鉄を購入した船は、豊後国の船が多かったという（山下和秀）。

外ノ浦の廻船問屋清水屋の『諸国御客船帳』が残っている。この客船帳は、延享元年（一七四四）から明治三四（一九〇一）年までの約一六〇年の間に来航した客船（廻船）八九〇六隻の記録である。これによれば、豊後・豊前（大分県域）の船が、一八〇隻記録されている。外ノ浦に入港した豊後・豊前国の船のうち、最も数が多いのは国東の田深浦の一八回で交換品目は、七島藺・鉄・米などである。二番目が一六回の中津港で、品目は越後米・酒・塩鯖・石州米などである。三番目が一五回の今在家浦で品目は七島藺・鉄・干か・出雲煙草・桐油などである。同じ一五回に佐賀関港があるが、品目はほとんど海産物である（『大分の歴史（7）ゆらぐ封建社会』）。

鉄と交換された九州の特産品としては伊万里焼が有名であるが、豊後国の船の多くは七島藺《しちとうい》（七島藺で作った畳表）を売って鉄を購入（交換）した。豊後国の船で外ノ浦で鉄を購入した船の多くは、武蔵浦、冨来浦、田深浦、今在家浦など国東半島（江戸時代は主に杵築藩領）から石見に向かった船である。国東は七島藺の特産地でもあった。船で九州へもたらされた鉄は、各地の鉄問屋から各町村の鍛冶屋へもたらされ、刀剣や農具に加工された（山下）。

万延元年（一八六〇）の史料に次のようなものがある。「高田忠光ほか七人（幕末には高田刀鍛冶は七家となった）、殿様が御下国されるため、献上の刀を造りはじめなければなりません。ところが、刃金（鋼）類を購入することができません」と（秀村（二））。この時は玉鋼の購入資金に難渋して、惣庄屋の岡松俊助に借金を無心している。このことから、普段は玉鋼を鉄商人から購入していたと思われる。

横萬《よこまん》育英財団代表の首藤哲男氏によれば、常行の首藤萬之助（「横萬」の創業者。横萬については後述）が鉄（玉鋼）を仕入れていたという。横萬（金物商、横萬は屋号）の創業は元治元年（一八六四）であるが、この時期横萬は大阪や島根から玉鋼を仕入れて、高田の鍛冶屋に販売していたという（『第一回日本世間遺産学会 in たかた』）。この横萬以前にも、玉鋼を調達していた業者がいたものと思われるが、今のところ史料を見いだすことができない。

いっぽう、砂鉄を採取して製鉄を行った史料もある。高田市郎右衛門は、「御重宝のかな山」（貴重な砂鉄が取れる山）はないかと、「御用」（仕事）の合間には方々を歩きまわっていた。すると去秋（何年かは不明）、関手永神崎《こうざき》（現大分市佐賀関）の「河地ミなと川」で砂鉄を発見した。早速砂鉄を採取し、帰宅して試し吹き（砂鉄を溶かすこと）してみると、四〇〇目ほどの小玉（鋼）ができた。このことを周囲にも告げ、役人にも知らせた。そして、再度試し吹きをしてみた。しかし、結果は芳しくなかったようだ。関係者の反応としては、「なかなか難しい」というものだった（秀村（二））。「難しい」とは、鋼の質の問題なのか、量の問題なのかは分からない。しかし藩主に献上する刀剣となれば、原料からしてそれなりの品質と量が求められたであろう。したがって、中国地方の良質の玉鋼でなければならなかったのではないだろうか。この関手永の砂鉄がその後、高田で恒常的に使われたような形跡はみられない。

高田の野鍛治《のかじ》（農鍛冶）と入鎌師《いれかまし》

これまで、高田の刀鍛冶について述べてきた。刀剣を熊本藩に献上してきた刀鍛冶は、主に六家であった。しかし高田輪中には、刀鍛冶よりはるかに多くの野鍛冶（農鍛冶、普通鍛冶ともいう）がいた。野鍛冶とは、主に鉄製の農具を作る鍛冶職人である。そして野鍛冶の多くは、廻遊しながら農具を作成して売ったり、農具の修理をして小銭を得たりする、いわば渡り職人である。このような鍛冶職人を「回村鍛冶」ともいうが、彼らは鞴《ふいご》を背負って村々を回った。ただし、高田の野鍛冶は農業の傍ら農閑期に鍛冶業で農具を作成し、行商する者たちであった。こうした鍛冶職人と行商人を兼ねた者たちを「入鎌師」といった。

『高田村志』には、「旧藩時代に於ては郡代直属の刀鍛冶六戸と、約五六十戸の普通鍛冶とありて、多くは常行《つねゆき》、関門、南の各字に住したり」とある。何とこの狭い村落に、江戸時代の最盛期には五〇～六〇軒もの野鍛冶がいたのである。高田輪中は「余産」多かったことはすでに述べたが、鍛冶業は高田輪中の一大産業だった。高田輪中をひとつの社会と考えるならば、この社会に与えた影響は、刀鍛冶よりも野鍛冶のそれが遙かに大きかったといえる。

特に野鍛冶が多かったのが、常行・関門・南の各村であった。関門村には、刀鍛冶六家もいる。刀鍛冶も刀剣の製造だけでは生活できず、鎌をはじめとする農具を造って生活の足しにしていた。だからこの三つの村に野鍛冶が多いのは、やはり刀鍛冶という伝統産業の技術が受けつがれたからだといえるだろう。

『高田風土記』の常行村の「余産」をみると、「此村ハ鍛冶職の者数人あり、多く鎌を作りて業とす、また農隙に其鎌などを近領他国え持ち鬻《ひさ》けるもの多数あり」とある。この文章から分かることは、まず高田輪中の野鍛冶たちは、「農隙」（農閑期）とあるように鍛冶の専門職ではない。彼らは農民であって普段は畑を耕し、農閑期になると農具を造る者たちである。だから、純粋な渡り職人ではない。また彼らは、作成した鎌などの農具を携えて、同じく農閑期に「近領他国」に行って売りさばく行商人でもある。「近領他国」とは、肥後・日向・筑前・筑後・豊前などであったから、これは九州一円といってもよい。高田輪中の野鍛冶たちは、一年の半分は農業に勤しみ、あと半分は鍛冶業と行商に励んだ。

江戸時代の農民たちは、原則農耕以外の商活動は禁止されていた。これは農民の農村定着と米を基本とする年貢の確保をはかるためであった。しかし農村で日常生活に必要な物に限っては、村での耕作活動に支障のないかぎり、農民の商活動は許された。もちろん、申請をして許可（商人札）

を得る必要があった。すでに述べたように高田輪中は畑作地である。米は作っていない。このため牛蒡や大根などの商品作物を作って売りさばき、銀納で納税の義務をはたした。高田の人々はまた、行商や手工業などの「余産」によっても蓄えを得ていた。こうした高田輪中の暮らしの伝統の中に野鍛冶の農具生産と行商も位置づけられる。

はじめは農具を作って、その農具を携えて行商するものたちを入鎌師といった。最盛期には百人の入鎌師がいたという。そのうち高田輪中の鍛冶職人たちは、次第に組織化されたようである。五〇～六〇軒もあった「半農半工」の鍛冶屋たちを束ねた者を、しだいに「入鎌師」と呼ぶようになる。『高田村志』を読んでいると「入鎌師」のニュアンスが、野鍛冶をさす言葉から、資本を元手に農具生産と行商を大規模に展開する企業家をさす言葉に微妙に変化するように思われる。

入鎌師という商売

入鎌師という商売で成功した者が、高田の富裕層を形成した。農閑期の冬場に、入鎌師は大量の鉄と鋼を購入し、これを鍛冶職人たちに渡して農具を作らせる。農具ができあがると、翌年の春にかけて今度は彼らに行商を行わせる。行商に専ら従事した「売り子」もいたようである。行商の者たちは、農具（主に鎌）を携えて各地に赴いた。おそらく行商人たちの縄張りは決まっており、毎年おなじ顧客をめざして旅をした。顧客のもとへ行くと、鎌などの農具を顧客の求めに応じて数本置いていく。これを「鎌入れ」といった。方々に「鎌入れ」したのち、帰村する。翌年の春、同じように農具を携えて「鎌入れ」をした顧客のもとへ行く。もし鎌が使用されていれば、その鎌の代金を回収する。さらに、使用された分と同数の鎌を置いて帰る。中にはふいごを携えて、顧客好みの農具を作ったり、農具の修理をした者もいただろう。こうした商活動を毎年くり返す。入鎌師は、すべての代金を回収し終えると、「概ね資本高と同様の純益を挙ぐるを通常としたり」という。すなわち一回の商売で、かけた金とほぼ同額の利益が得られたというのである（『高田村志』）。

もうお気づきと思うが、入鎌師の商売の仕方は、富山や近江の薬売りとおなじ手法なのである。こうして入鎌師は、次第に資本を蓄積していった。『高田風土記』には、常行村や関門村の項に「富家」や「富民」があるという。この「富家」「富民」こそが、入鎌師として成功した者をさしているものと思われる。幕末から明治にかけて、高田では農業のほかに商売を営む者が増えていく。高田の人々の「商業思想」を喚起し、この地で商業を発達させたのは、ほかならぬ「入鎌業」であった（『高田村志』）。

「高田の鎌鍛冶」の名声と衰退

幕末には、高田の田鎌は周辺地域はもちろん、肥後・日向《ひゅうが》・筑前・筑後・豊前など九州一円に販路を広げ「高田の鎌鍛冶」の名声は高まった。明治にはいると多くの注文に応じなければならなかったことと、野鍛冶お互いの競争によって粗製濫造となり、しだいに品質が低下したという。このため高田鎌の評判は低下した。

そこで高田鎌の品質を向上させるために、常行村の鍛冶職人重藤《しげふじ》嘉次郎がたちあがった。重藤は同業者を説得して殖産会を結成し、監査委員を設け製品の検査をはじめることにした。これによって、高田鎌の品質と評価は再び盛り返し、明治一〇年（一八七七）から明治二三（一八九〇）頃に、田鎌製造業は最盛期を迎えた。

高田鎌の多くは稲刈り、草切りなどに用いる、いわゆる「薄鎌」であった。鎌の製造は入鎌師から鉄と鋼をもらい、「鉄十貫鋼一貫二〇〇目」（一貫は三・七五キログラム）の割合で製造した。この量の鉄と鋼で製造される鎌の枚数は、大きな鎌（一・二～一・五メートル）で一〇枚から二〇枚、小さな鎌（一二・五グラム）では三〇〇枚ほどになる。これで一〇円～一二円の工賃を得た。高田鎌は、鍛え方も良かったので、明治二三年（一八九〇）に開催された第三回内国勧業博覧会で重藤嘉次郎ら四名が出品した鎌は褒状を授与された。しかしこの頃が高田鎌の名声のピークで、明治中期以降、今度は大阪で作られる片刃鎌との競合に敗れ、高田鎌はしだいに製造・販売額が減少して行った（『高田村志』）。

入鎌師から企業経営者へ

『高田村志』には、「入鎌師とは鎌の販売に従事する行商人のことにして、今日村内（高田村）にて富豪と称さるる家は、殆《ほとん》ど皆之より成功したるものなり。其の起源は明かならざれども、旧藩時代より既に相応の盛況を呈し、明治十年西南の役前後よりは其の極点に達し」とある。高田輪中からは、数人の富豪が現れて企業経営者に転身するが、そのほとんどがもと入鎌師だったという。

さきに述べたように、一回のサイクルの入鎌業ですべての代金を回収すると、元手（初期投資）と同額の純利益が得られたという。こうして入鎌師は、巨額の利益（資本）を蓄積し、近代以降企業経営者（資本家）に転化する者があった。

先に触れた「横萬」の例をあげておきたい。横萬は現在、「ホームワイド」という名称のホームセンターになっている（現在は九州イオンと提携）。このホームワイドの前身が「横萬」で、もともと金物商であった。この横萬こそ、常行村の入鎌師であった首藤萬之助が創業した企業である。「横萬」とは、「横小路の萬之助」からとった屋号である。株式会社横萬を紹介した小冊子（大分県立図書館所蔵）には、横萬の「ルーツは入れかま師」であるとして、「村落にては店舗を構えることあたわざりしかば、入れかま業にならいて番頭に行商をなさしめ、以後ようやく営業の発展をみるに従いて卸売りを開始し、売子を出して各地に行商をなさしめたり、横萬これより現る」とある。横萬の創業は元治元年（一八六四）であるが、明治のはじめには二〇〇人もの売り子を抱えていたという。

最後の高田鍛冶

近世から近代にかけて繁栄した高田鍛冶だったが、現在、高田輪中に鍛冶屋はもう一軒もなく鍛冶職人は一人もいない。「高田鍛冶」は、全く過去のものとなった。高田だけではない、大分県内でまだ現役の鍛冶職人は数人しかいない。ただ、高田輪中のほぼ中心にある高田公民館の近く（常行）に、最後の高田鍛冶である故竹内政喜さんの旧竹内鍛冶工場が保存されており、わずかに往年の繁栄をしのばせている（これはこの項の執筆時のことで、以下に書くように二〇一九年に鍛冶工場の作業場は、解体された）。

竹内政喜さんは、大正三年（一九一四）に生まれた。父太喜さんの手ほどきで、鍛冶職人となった。

筆者は五年ほど前、政喜さんのご子息竹内道義氏に工場跡をご案内いただいた。仕事場（工場）の建物は、もともと常行神社の神楽殿だったという。そのため常行神社に奉納されていた細川家の家紋（替紋《かえもん》）が壁に掛けられていた【写真30-1】。この家紋は、波奈之丸の船印であったという。工場の中には電動モーターで動く研磨機などがあるが、傍らには政喜さんがずっと手作業で仕上げを行ってきた鍛冶小屋がある。横座とよばれる政喜さんが着座した場所の正面に炭を熾《おこ》して鉄を焼く炉がある。その左側には、手動のふいごがある。左手のふいごで風を送りながら、鎌や包丁を焼くのである。さらに右手には、焼き入れ用の水槽がある。炉のうえには鍋がかけて湯を沸かしていた【写真30-2】。この鍋の湯は焼き入れの時、水温度を調節するためのものだった。政喜さんは、「最後の焼き入れで商品の良し悪しが決まる」と常々いっていたという。

仕事場の柱には、「きっそ」という、鉄で作った鉾（鑓）と鍵と鎌のミニチュアが打ちつけてあった【写真30-3】。左から錠前をあける鍵、真ん中が鉾（鑓）、右が鎌のミニチュアで三本の道具は、根本でくっついている。また中央に金と銀の水引がそえられていることから、縁起物である。これは毎年正月の仕事始めに、職人自身が安全祈願のために作成して祈ったものだという。それぞれ鍵は商人の、鉾は武士の、鎌は農民の道具の象徴だという。「大分市坂ノ市の鋸鍛冶は『鉾』を野鍛冶は『鉾・鎌・鍵』のミニチュアを作って、職場の柱に打ち付けた」（『大分歴史事典』）とあることから、大分県内では広く同様の風習があったものと思われる。「きっそ」とは「吉相」ではないかと思われるが、確信はない。

政喜さんは、原料の鉄と鋼は大分市西部にある中村商店（現存）から購入していた。また木炭は、

【写真30-1（右上）】
【写真30-2（左上）】
【写真30-3（右下）】

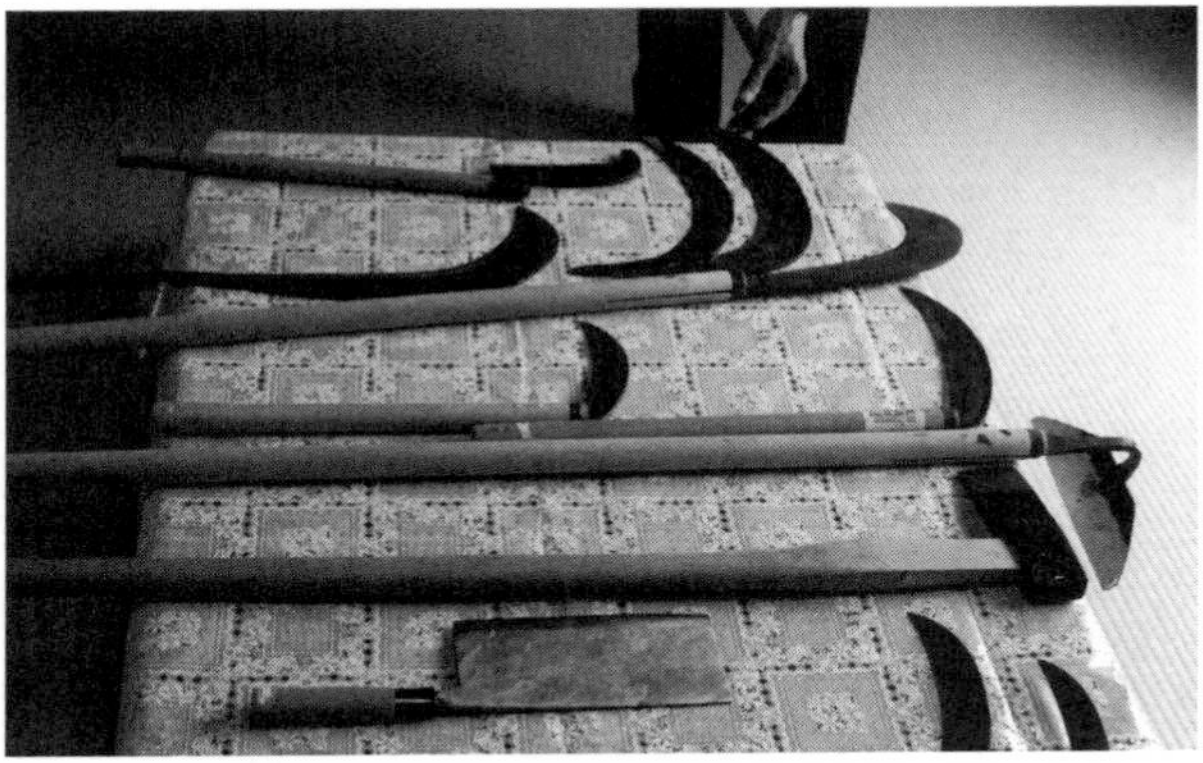

【写真30-4】

松炭を利用した。ところが、松炭の調達はなかなか難しく、佐伯《さいき》市宇目《しうめ》の知人を通じて入手していた。商品は注文に応じて作った。【写真30－4】は政喜さん作成の鎌や包丁である。特に宮崎県延岡市の森林組合からは、森林の下草を刈る大型の鎌の注文が定期的に入っていたという。また政喜さんは、大分市坂ノ市の「万弘寺《まんこうじ》の市」に平成二年（一九九〇）から出店して、自作の製品を販売した。顧客の多くは固定客で、製品はすぐに売り切れ、買いそびれた客は、来年の注文となった。高齢になってバイクで市に行くのは危険だからと止めようとしたが、「去年の客の予約があるから」と平成一〇年（一九九八）八三歳まで出店を続けた（『続高田村志』）。

ところで、江戸時代の高田の野鍛冶は、農業の副業として行われていた。しかし、政喜さんは専門の鍛冶職人だった。「刀鍛冶にならないか」との誘いもあったほどの、腕のたつ鍛冶職人であった。最後の高田鍛冶である竹内政喜さんは、平成二一年（二〇〇九）、九五歳で亡くなった。

平成が終わり、令和になった年（二〇一九年）の八月四日、筆者は竹内道義さん宅を再び訪ねた。それは知人から、「いま保存されている作業小屋が、近く解体されるらしい」と聞いたからである。福岡市の中学教師とそのＯＢ五名のフィールドワークも兼ねて訪問したのだった。竹内さんのお話によれば、「屋根が破損し修理を検討したが、百万円単位の費用がかかる。個人での維持保存は難しい」とのことだった。突然の訪問にもかかわらず、ご丁寧な案内で一同恐縮した。しかし高田鍛冶の貴重な「遺跡」が、消えてしまうのは実に寂しい。竹内さんの顔にも、哀惜の表情が満ちていた。

第七章

「キリシタンベルト」の東端・熊本藩豊後鶴崎

戦国時代、豊後国はキリスト教の一大布教拠点だった。それは大友義鎮（宗麟）が、ザビエルに会い、キリシタン大名になってイエズス会の布教を後押ししたことが大きな要因である。それとともに、キリスト教が広がった西日本の中で、豊後は近畿と瀬戸内海、そして九州各地を結ぶ結節点だったという地理的要因も重要だった。一説によれば、豊後国には最大で三万人のキリシタンがいたという。豊後府内《ふない》（現大分市）には病院や教会が建てられ、西洋音楽が奏でられた。

このような中、高田輪中もキリスト教布教の拠点となって、大野川を通じてキリスト教が広がっていった。大野川の上流には竹田があり、その西には久住があって、キリスト教信仰の帯（キリシタン・ベルト）が長崎まで形成された。キリシタン・ベルトは、大友宗麟の勢力圏とほぼ重なる。高田輪中は、このキリシタン・ベルトの東端にあたる。また高田では、浄土真宗の門徒が大量にキリスト教へ改宗するという事態も生じている。

鎖国がほぼ完成したあとの万治二年（一六五九）には、「豊後崩れ」というキリシタンの大量検挙事件が起こるが、この事件は高田からはじまっている。この事件後、キリシタンの検挙は九州だけでなく、全国各地に波及する。高田輪中ではその後も、厳しいキリシタン弾圧が、江戸時代を通じて行われる。

ところで中世において「高田」といえば、一般に「高田庄（荘）」をさし、これは大野川と大分川の間の広い範囲をいう。近世に入ると、「高田」は主に熊本藩の「高田手永」をさすことが多い。一六世紀半ばから一七世紀前半の「キリシタン世紀」において、「高田」という固有名詞が使われたとき、それが必ずしも「高田輪中」を限定的に指しているとは限らないことを断っておきたい。

ザビエルと大友義鎮（宗麟）

豊後国でキリスト教が急速に広まるのは、いうまでもなく大友義鎮《よししげ》がフランシスコ・ザビエルを府内の大友館に招いてからである。大友義鎮は享禄三年（一五三〇）、大友家の二〇代当主義鑑《よしあき》の長男として生まれた。大友義鑑と家臣団の内紛のすえに起こった「二《に》階崩《かいくず》れの変」（この事件で大友義鑑は、家臣に襲撃され死去）のあと大友家を嗣ぐ（一五五〇年）。のち大友義鎮は、豊前・豊後国はもちろん、肥後国など北部九州に大きく勢力を拡大した。

いっぽうザビエルは一五〇六年、スペインのナバーラ王国の貴族の子として生まれた。一九歳でパリの大学に学び、イグナチウス・ロヨラらとイエズス会を結成、布教の新天地をアジアに求めた。天文一八年（一五四九）、ザビエルは日本人アンジローの先導で鹿児島坊津《ぼうのつ》に上陸した。翌一九年、平戸、山口を経て京都にのぼる。上洛した理由は、将軍から日本での布教許可を得ようとしたのであった。しかしそれは果たせず、天文二〇年には、いったん平戸に戻る。その後、大内義隆《よしたか》を頼って山口を再訪。義隆から、念願の布教許可を得る。山口に滞在するザビエルが、豊後府内にやって来るのは、大友義鎮の招待状が手もとに届いたからである。義鎮がザビエルを招待したのは、キリスト教に関心があったことと、南蛮貿易の可能性を探りたかったからだといわれる。有力大名のもとでの布教を期待したザビエルは、豊後訪問を決意する。

大友義鎮に招かれて、ザビエルが豊後府内にやってくるのは、天文二〇年（一五五一）である。ザビエルはポルトガル船に乗って、大分川河口付近にあったとされる沖の浜の港に着いた。この時ポルトガル船は、一八門の大砲から儀礼のための空砲を撃ったが、府内の人びとは轟音に色を失った。

当時義鎮は、数えの二二歳だったという。義鎮はザビエルに対し、殊の外丁重に対応し周囲の家臣たちを驚かせた。ザビエルに会った義鎮は、その人柄にうたれて府内での布教を許可した。この出会いでザビエルは、義鎮の入信を期待したのであろうが、この時は叶わなかった。大友義鎮がキリスト教に入信するのは、ザビエルに会って二七年後の天正六年（一五七八）、数えの四九歳の時のことだった。ザビエルは、府内に二ヵ月ほど滞在した。その後ザビエルは、日本を去ってインドに向かうが、翌年（一五五二）ガーゴらが布教のために府内に到着している。

豊後国における布教と「キリシタン世紀」

弘治元年（一五五五）、アルメイダ（一五二五年、リスボン生まれ。医術免許を得ていたという）が商用で豊後にやってきた。アルメイダは大友義鎮の信任を得て、間引（堕胎）の禁止を請願するとともに、私費を投じて育児院を建設した。弘治二年には、イエズス会の布教長トルレスが山口から豊後に来訪した。トルレスはザビエルの布教方針を継承して、日本の風俗や習慣に配慮しながら布教に努めた。府内に住院と教会（デウス堂）を建設し十字架を掲げ、府内からやや離れた高田や敷戸《しきど》（現大分市）にも教線を広げた。このころ（一五五六〜一五六二年）、イエズス会に送られた日本発信の書簡の六五パーセントが豊後から発信されたという（『豊後キリスト教史』）。

トルレスはまた、義鎮の許可を得て病院建設にも着手した。病院は現在の大分市顕徳町《けんとく》付近にあったと推定されている。病院はふたつに区分され、ひとつは癩《らい》病患者（ハンセン病患者）だけを、ふたつめはそれ以外の病者を収容、治療にあたった。アルメイダは外科治療と医師の養成にあたった（『大分歴史事典』）。アルメイダによる外科手術（切開手術といわれている）は、日本ではじめての西洋医術が施されたことを意味した。府内の病院の評判は非常なもので、京や堺など畿内地方でも話題となった（『大分市史（中巻）』）。

「戦国時代府内町絵図」（大分市歴史資料館所蔵）には、「大友御屋敷」の西側に「キリシタンノコトタイウスドウケントク寺」がみられる。「タイウスドウ」とは「デウス堂」の事であり、要するに教会である。また「ケントク寺」は顕徳寺で、いまも近隣に顕徳町という地名が残っている。また大友屋敷とその隣接地（大友府内町跡）では、両面にそれぞれキリスト像とマリア像が刻まれたメダイ（金属製のメダル）やキリシタンのものと思われる墓地跡も出土した（『豊後キリスト教史』）。近年発掘された、一五六〇年前後の墓地（一四号墓）は八基からなり、埋葬されていたのはすべて七歳以下の幼小児であった。この子たちが、キリシタンだったかどうかは確かめることはできない。しかしこの子どもたちは、教会内で死亡したか、近くの育児院や病院で死亡した子どもの可能性が高いという（田中裕介）。

ところで、一五八二年（天正一〇）の『耶蘇会日本年報』において、ヴァリニャーニは日本の布教区を三つに分けて信者数を報告している【図3】。それによれば、都区《みやこく》（おもに近畿、中国、四国）二・五万人、豊後区（豊後国単独）一万人、下区《しもく》（豊後国以外の九州）一一・五万人、合計一五万人となっている。これを多いとみるか、少ないとみるかは難しいところであるが、五野井隆史によれば、ザビエルが来日して（天文一八年（一五四九））以降、キリスト教が完全に禁じられる

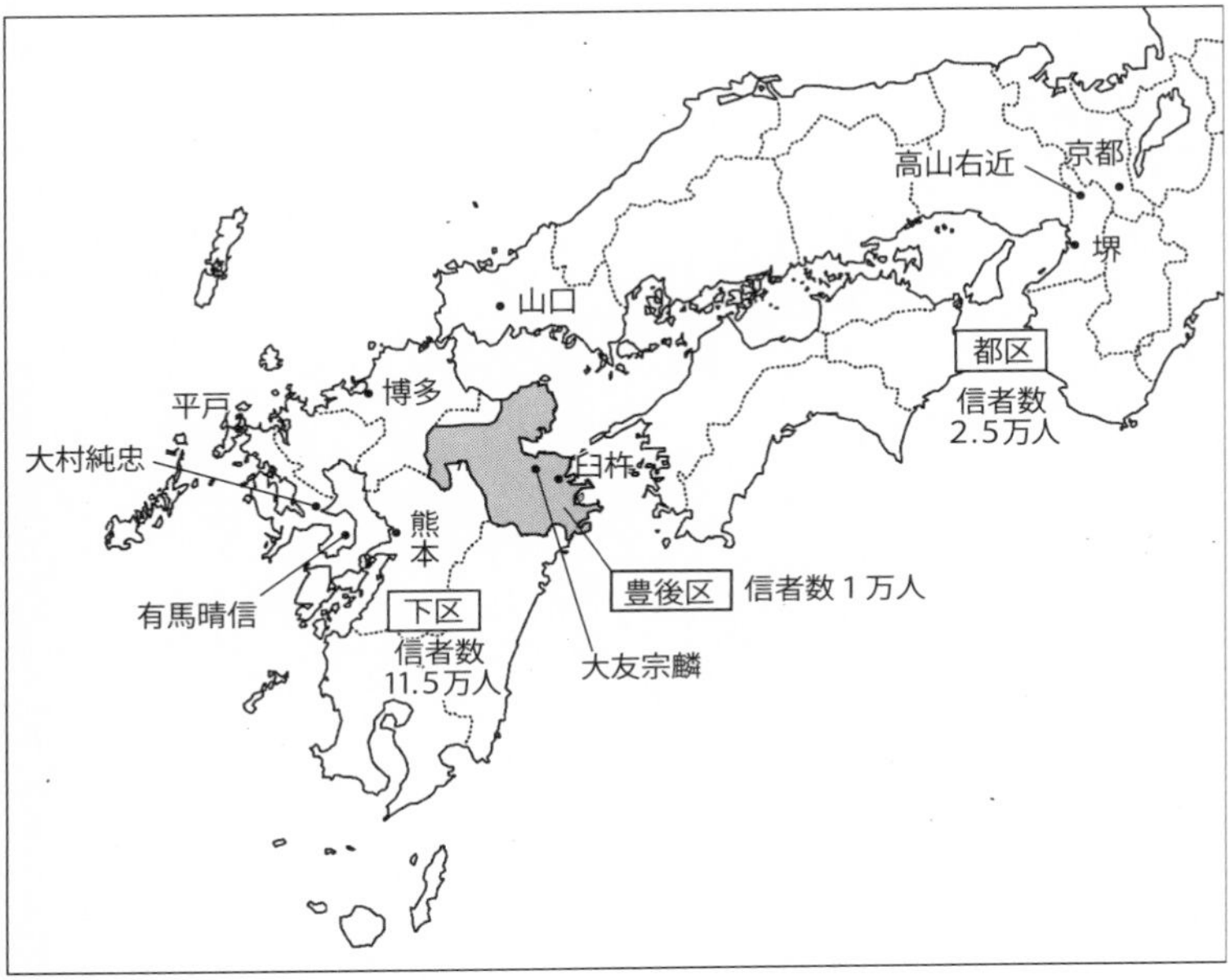

【図３】イエズス会の三布教区（『新詳日本史』浜島書店、2019を参照）

一七世紀半までの受洗者は七六万人ともいわれる。この間約一世紀であるが、当時の人口約一五〇〇万人（鬼頭宏）を考慮すれば、この約一〇〇年間を「キリシタン世紀（The Christian Century）」よぶことも頷ける（狭間芳樹）。

布教拠点としての高田

ルイス・フロイスの報告によれば、天正一三年（一五八五）頃の府内とその周辺の信者数は、【表5】のようになっている。最も信者が多いのは、清田とその周辺で一四七四人（全体の二六・一パーセント）、次いで高田とその周辺の一三六五人（二四・二パーセント）で、このふたつの地域で全体の半数となる。清田の所在については不明な点もあるが、おおむね現在の判田《はんだ》とその周辺で大野川の左岸になる。この大野川流域の全体の信者数は、四五

【表5】天正13年高田のキリシタン数

府内周辺		大野川流域	
府内	156	高田	1365
津留	50	大在	281
津守	638	松岡	681
豊饒	106	清田	1474
国分	102	戸次	784
小計	1052	小計	4585

*『小学6年生郷土学習資料 府内から世界へ　大友宗麟』（大分市教育委員会、平成25年）より作成。

八五人にのぼり全体の八〇パーセントを超える。確かに府内に教会や病院が建てられ、布教の中心であることは疑いようがないが、実は信者数は府内から少し離れた大野川流域に多いのである。

なぜ、大野川流域にキリシタンが多いのだろうか。そのひとつは、府内のほか高田にも有力な布教拠点がおかれていたからである。『豊後鶴崎町史』には、「大友氏の頃キリシタンの蔓延した鶴崎地方は、大友滅亡後においても、依然としてイエズス会の駐在所が高田にあって、五六人の教師が其処に居住し、常に近村に亘て布教して居た」とある。関ヶ原の戦い後、西軍に与した大友氏は取りつぶされる（九州の関ヶ原とよばれる石垣《いしがき》原《ばる》（現別府市）の戦いで敗北）が、その後も高田に「イエズス会の駐在所」があり、宣教師が活動していたという。この「駐在所」いうのは、レジデンシア（住院）のことで、宣教師が常駐する布教拠点である。豊後国でははじめ、野津と由布（現湯布市）に住院がおかれ、やがて志賀（現豊後大野市）と高田にも置かれた。

ふたつめの理由は、この大野川流域の地域は中世以来「高田庄」に含まれる地域であり、古くから地域的まとまりのある土地柄である。そして三つめに、その地域的まとまりは、大野川という河川交通によって保たれているのである。おそらく高田の宣教師たちは、大野川を頻繁に行き来して布教していたものと思われる。近年、大規模なキリシタン墓地の所在が確認されて注目されている、臼杵市野津（旧大野郡野津町）の下藤《しもふじ》遺跡も大野川の中流域にある。さらにいうなら、大野川の最上流部の竹田市にも多くのキリシタン遺跡がある。高田に布教所をおいた理由も、交通の便の良さに注目したからであろう。

高田での布教の様子

『イエズス会日本年報（上）』に含まれる「一五八四の日本年報」には、高田での布教の様子を次のように伝えている（一五八四年は天正一二年）。

府内より二レグワ（二里）を距てた高田Tacataにおいては、初め少数のキリシタンがあったが、多数の貴族が説教をするためにイルマンを派遣せんことを懇願し、これを派遣した後、七百人が洗礼を受け、その後暫くして更に五十人が洗礼を受けた。つぎにその家に二百人を有した一人の殿が洗礼を受けたが、夫人は偶像に熱心であったため、夫は彼女にデウスの教を聴かせることができなかった。併し彼女は室内にあって密に説教を聴き、聖霊に動かされて、身分の高さを厭はず、多数の親戚及び家臣等が説教を聴いてゐた室に入り、イルマンにむかって、「自分はキリシタンとなる決心でなかったが、汝の説教を聴いて真理を悟りまた今日までの一生の誤を知った故洗礼を浮くることを望む。またこれについての自分の喜びを知らんためわが家に来たりて見よ」と言ひ、彼女は一家を支配してゐた故、子女、親戚及び夫と共にキリシタンとなった。

「二レグワ」がおおよそ「二里」で、現在の約八キロメートルなら、府内から高田輪中までの距離とほぼ一致する。高田では天正年間（一五七三～一五九二年）、次々に洗礼を受ける者がいたらしい。ところで、「その家に二百人を有した一人の殿」とは、この地域の領主をさしていると思われる。この時期の鶴崎から高田付近の領主といえば、吉岡氏（大友家の家臣）である。さらに「彼女は一家を支配してゐた」という領主の妻は、誰をさすのだろうか。ここで天正一四年（一五八六）末から翌年にかけての島津氏と大友氏の戦い（豊薩戦争）において、薩摩軍と果敢に戦った妙林尼《みょうりんに》（吉岡宗歓の妻とも吉岡鎮興の妻ともいわれる）が想起される。しかし今のところ、妙林尼が受洗したという記録はない。

浄土真宗からキリスト教への転宗

さらに高田では、浄土真宗（一向宗）の門徒が、大量にキリシタンに転宗したと伝えられる。天正一四年（一五八六）と推定される二月一四日の吉岡弥三郎宛大友吉統《よしむね》（義鎮の嫡男）書状（専想寺文書）によると、専想寺門徒中に他宗に転宗して寺に妨げをなす者がいたという。他宗とは「吉利支丹」のことで、専想寺の由来では、キリシタンの放火で本堂を焼失したといわれる。フロイスの『日本史』によれば、同年には府内の境界付近で二五五〇名が洗礼を受けたといい、このうち五〇〇名は一向宗の門徒で、高田付近の住人であったという（『大分県の地名』）。

ここで、専想寺について簡単に紹介する。専想寺を開いたのは、天然《てんねん》という僧侶である。天然は、嘉吉二年（一四四二）に戦国大名大内教弘の子として生まれた。天然ははじめ、京都黒谷の浄土宗金戒光明寺《こんかいこうみょうじ》（幕末に京都守護職が置かれたことで有名）に入り、修行を積んだ。その後、蓮如《れんにょ》と出会い大いに感化されその弟子となり、浄土真宗の教えをひろめることになる。その後蓮如は天然に対し、西国および九州で浄土真宗を広めるように指示する。これをうけて天然は、文明八年（一四七六）に豊後国に来たという。天然は府内を経て、高田郷森村（乙津川をはさんで高田輪中の西側対岸）に入り、ここに専想寺を開いた。その後専想寺は、九州・中国地方の浄土真宗の布教拠点となった。一説によれば、最盛期には末寺が四〇〇寺にも達したという。天然が専想寺を森村に開いた理由も、中世以来栄えた乙津港が目と鼻の先にあったからであろう。乙津港もまた、瀬戸内海航路に開かれた港で、鎌倉時代から小都市化していた（吉良）。天然が生まれた山口にも、周防灘を隔てて近い。多くの商人や職人が、行き交っていたに違いない。瀬戸内海航路によって、浄土真宗の最大の拠点といえる石山本願寺（大坂）とも結ばれていた。

浄土真宗とキリスト教

ところで、戦国時代から江戸時代のはじめ、すなわち「キリシタン世紀」において、浄土真宗の門徒からキリシタンに転宗する者が多くいたのであろうか。もともと日本にはキリスト教はなかったのであるから、この時期にキリスト教に入信するということは、それまでなんらかの寺院（宗派）の檀家（門徒）であれば、それはすなわち転宗を意味する。問題は、浄土真宗とキリスト教徒の関係である。

キリシタン史研究者である川村信三は、キリスト教が入ってくる以前に、浄土真宗本願派が大きな勢力を保っていた畿内で、一五六〇年代以降、キリスト教が広まったと指摘している。つまり浄土真宗の門徒がキリシタンに転宗し、畿内では一向一揆とキリシタンが混在したというのである。さらにこのような状況が生じた背景にキリシタン大名高山右近の存在が大きかったという。高山右近と父友照は、一五七三年（天正元）に高槻《たかつき》城の主となり、この地域のキリスト教の布教と信者の指導に力をつくした。そして、摂津国島下郡から身を起こした高山父子は、キリスト教への入信以前は、浄土真宗の門徒であったという（川村信三（二））。

「キリシタン世紀」にキリスト教を布教したイエズス会の宣教師たちにとって、宗教上の最大の敵は浄土真宗であった。彼らは浄土真宗をその「領主（顕如）は日本にある最も有害な宗派の首領であり、己をデウスのように崇めさせている」とか「日本の偶像崇拝の源」であると評して嫌悪している。彼らは矛先を浄土真宗に向け、浄土真宗を論駁して屈服させることが、キリスト教布教の鍵だと考えていた。いっぽう彼らは、日本語を習得し、日本人の言葉で布教をすすめようとした。しかしその時、「ごしょう（後生）」「くどく（功徳）」「ぜんこん（善根）」「けうけ（教化）」「えこう（回向）」「げんぜ（現世）」「あんじんけつじょう（安心決定）」などの仏教用語を使わざるを得ないという矛盾を抱えていた。このうち「安心決定」という言葉ついては、阿弥陀にすがることにおいて、後生の救いが得られると説いた蓮如の「御文」の話をそのまま利用していたことが指摘されている。また別の場面ではあるが、ヴァリニャーニやカブラルは、浄土真宗の信仰に対して「ルーテルの宗派（プロテスタント）に似ている」とも評している（狭間）。

このようにみてくると、イエズス会の宣教師たちは浄土真宗を邪教として最も激しく攻撃したが、いっぽう日本人、なかでも浄土真宗の門徒たちからすればキリスト教は決定的に異なる宗教ではなかったのではないか。むしろ、宗教的な親近感すら感じたのではなかったろうか。日本のキリシタンが、キリスト教の教義をどこまで正確に理解していたかについては議論がある。このことについてここで触れることは出来ないが、浄土真宗の門徒がキリシタンへ「転宗」する可能性は、他の宗派よりむしろ大きかったのではないかと思われる。

最後に付け加えておきたいことがある。高田の真宗門徒五〇〇人がキリシタンに転宗したのは、天正一四年（一五八六）とされる。信長が退去を求めてはじまった石山本願寺攻めは、元亀元年（一五七〇）から一一年におよんだが、天正八年（一五八〇）に本願寺が屈服して退去した。当然のことだが、これ以降浄土真宗の教勢は次第に衰える。専想寺の門徒のキリシタンへの転宗には、この出来事も影響したのかも知れない。

その他の近似性

イエズス会の宣教師からきびしく批判された浄土真宗。いっぽうで日本人の真宗門徒にとっては「宗教的な近親感」すら抱いていた可能性を指摘したが、ほかにも宗教上の近似性が指摘されている。

①**〈デウスは阿弥陀《あみだ》なり〉** 浄土真宗もキリスト教も「一神教」で、ほかの神仏を信仰することはない。「デウスは阿弥陀なり」と当時（『キリシタン世紀』）いわれていた。②**〈女人往生《にょにんおうじょう》〉** 浄土真

宗は、日本の仏教ではじめて「女人往生」を説いた。専想寺には「女人往生聞書」という談義本《だんぎぼん》がある。「女性も等しく救済される」という点は、これもキリスト教徒と共通している。③**〈祈祷《きとう》や占いを信じない〉**浄土真宗では、それまで盛んに行われてきた「祈祷」や「まじない」、また「占い」を一切信用することはないし、また行わない。これもキリスト教と近似する点である。④**〈大麻《たいま》（伊勢神宮のお札）は世を惑わす〉**日本では「神仏」を同時に信仰する（神仏習合）が、浄土真宗は阿弥陀仏だけである。伊勢神宮のお札についても、浄土真宗では「大麻は世を惑わす」という。キリスト教でも、神仏習合はありえない。⑤**〈布教組織も類似〉**浄土真宗では、寺の外で布教する「毛坊主《けぼうず》」（髪を伸ばした民間の僧侶＝「看坊《かんぼう》」）がいた。彼らが人びとの中に入って布教するが、このような布教の方法もキリスト教に似ている。「看坊」という言葉は、キリスト教でも使用されていた。また、イエズス会が日本の布教組織を真似たという指摘もある。⑥**〈土地や領主に縛られない〉**神が絶対のキリシタンと阿弥陀仏が絶対の浄土真宗の信者は、ひとつの土地に縛られない。そしてその土地を支配する領主（大名）にも縛られないという意識が強い。逆に自分たちを縛ろうとするものに対しては、両者は激しく抵抗した。なお、以上六点の近似性については、専想寺前住職大内秀麿氏のご教示による。

キリスト教から浄土真宗への転宗

キリシタンと浄土真宗について、近年、興味深い研究がある。抑圧され転宗したキリシタンの新たな檀那寺は、浄土真宗寺院が多いというのである（櫻井成昭）。これは、豊前国の下毛郡と築上郡の転宗者に関わる、慶長一九年（一六一四）の史料についての研究であるが、紹介しておきたい。

まず転宗したキリシタンの信仰具の多くに、「ごゑい」や「本尊」などがあるが、これは仏教でいう「御影」に相当するという。つまり「ごゑい」は、「仏画」に代わるイエスやマリアの聖画像であったと推測される。のちの踏絵に連なる聖画像であろう。一七世紀の豊前国のキリシタンは、聖画像を「本尊」として信仰していたことになる。浄土真宗の門徒が、阿弥陀如来や親鸞の「御影」を信仰することは、よく知られている。ここにも、浄土真宗と「日本のキリスト教」との類似点をみいだすことができる。

また築上郡の史料には、転宗したキリシタンの新たな檀那寺が記載されている。それをみると、浄土真宗の寺院が最も多く、西山浄土宗の寺院がそれに次ぐという。親鸞も西山浄土宗の開祖証空《しょうくう》も、ともに「一念弥陀仏」を説いた法然の弟子であり、特定の仏（西山浄土宗は当麻寺曼荼羅図）を専ら崇める点において共通している。さらに後述する、一七世紀後半に起きた「豊後崩れ」においても、転宗した葛木村《かつらぎむら》（現大分市）の人びとの多くが西山浄土宗の来迎寺《らいごうじ》（現大分市）の檀家になったという。これら転宗した人びとは、キリシタンになる前も何らかの信仰を持っていたはずである。さきに紹介した高田のキリシタンには、専想寺（浄土真宗）の門徒も多くいた。とすると、浄土真宗・西山浄土宗からキリスト教へ、さらにキリスト教から浄土真宗・西山浄土宗へと転宗をくり返した可能性も考えられる。ただしここで、キリシタンたちに宗派や寺院を選択する自由があったかどうかは分からない。

病気・貧困と戦乱

浄土真宗からキリスト教への転宗という側面から、高田のキリシタンをみてきた。しかし、そのほかにも人びとがキリスト教に入信する理由が垣間見える。

『豊後鶴崎町史』では、高田の住人（女性）がはじめて受洗したのが天文二二年（一五五三）であったという。これは『日本西教史』を引用しているのであるが、概ね次のように書かれている。「府内から一里あまりのところに高田という村がある。ここにひとりの既婚女性がいた。この女性は病魔に冒され、全身が震え死にいたる寸前だった。これをみたひとりの宣教師が、父親を説いて女性を洗礼させることで病魔を払おうとした。父親はこれに従い、女性を洗礼させるとただちに病が治った。これに感服した女性の父母、その夫およびその一族は、みな洗礼を求め、宣教師も承諾した」と。これはあくまでも物語であって、真偽のほどはもちろん確かめようはない。しかし、府内においても病院にすがったひとびとが、受洗したと伝えられている。つまり民衆の入信の理由には、その背景に病と貧困があった。さらに病や貧困に加え、この時代にうち続く戦乱があったことはいうまでもない。民衆は平和と心の安寧をもとめて、キリスト教に入信した。

高田のキリシタン数

ところで、豊後にキリシタンは何人いたのか？『十六世紀キリシタン史上の洗礼志願者』（ベス・ガイ著、井手勝美訳）によれば、永禄一二年（一五六九）には全国の信徒二万六千五百人のうち豊後が五千人、天正一〇年（一五八二）には全国一五万人のうち豊後が一万人、天正一八年（一五九〇）

には全国二四万人のうち豊後が三万人で、これが最高で以後は衰退し信者数は減少したという（『大分の歴史（5）』）。また、ルイス・フロイスの天正一三年（一五八五）の報告による府内周辺の信者数はすでに紹介した【表5】。

高田のキリシタン数には、おそらく鶴崎とその周辺のキリシタンも入っているであろう。それにしても、大野川流域の信者数の多さは際だっている。高田には住院があって宣教師が常駐したというが、この住院の存在と川伝いの人の移動が、信者が増加した要因であろう。これに加え、わが国でキリシタンが多かった地域は、共通の特徴があるといわれる。それは「商人や手工業者などの門徒化が先行する」というものである。キリスト教は都市型の宗教であり、鍛冶屋や紺屋など職人や手工業者の多い地域で信者がはじめに増えたというのである（川村信三（二））。高田輪中の鍛冶職人については、第六章で述べたが、これも高田に信者が多かった要因といえるかも知れない。高田の鍛冶職人のうち、特に刀鍛冶はこの地域の指導者的立場であったといわれる。高田刀鍛冶たちもまた、キリシタンだった。そして江戸時代になっても、彼らは「きりしたん類族」であった（後述）。

高田の住院（伝道所）

『日本切支丹宗門史』に「一六〇九年（慶長一四）から翌年、豊後高田（熊本藩）には五人のイエズス会員がいた。領主（義鎮）は好意を寄せており、一六〇〇人が受洗した」とある。また慶長一七（一六一二）の記述に、「豊後には三ヶ所の伝道所があった。その主要なものは高田で、ここには司祭が二人と修士が一人いた。次は野津と志賀で、各々司祭一人と修士が一人ずついた。同国内には、五百人の新しい受洗者があった」とある（『大分市史（中巻）』）。またこの村（高田）には、立派な十字架が数基たち、小礼拝堂も数ヶ所あって、キリシタンたちはここで祈り、少年たちに教義を授けた。ルカスというキリシタンは、立派な十字架を造りこれに漆を三～四回塗って建てた。この十字架は、あまりにも立派だったので王（義鎮）も府内から見学にきたほどだった（半田康夫）。江戸時代はじめ、高田は豊後のキリスト教布教の中心地であった。そのほか、野津と志賀に住院（伝道所）があったが、これは先にも述べたようにいずれも大野川流域である。

ちなみに、高田の住院跡とされる地には現在、能仁寺《のうにんじ》（上徳丸）がある。この能仁寺は、キリシタンを改宗させるために熊本藩が設けたものであるという。ただし、高田伝道所の痕跡が確認されているわけではない。また高田輪中には、方形の薄い伏せ墓（斗桝墓）があってこれまで禁教時代の潜伏キリシタンの墓といわれてきた（半田）。しかしこれはあくまで推定で、キリシタンの墓と確認されたものはみつかっていない。

はじめての殉教

これまで述べたように、豊後はイエズス会の布教拠点であり、さらに高田は豊後国中の布教拠点として重要な地域であった。しかし、天正一五年（一八五七）五月に布教の庇護者であった大友義鎮が没する。その義鎮が没した直後の同年六月、九州征伐の帰路、豊臣秀吉が博多においてバテレン追放令を発する。これはキリシタン大名大村純忠が、長崎をイエズス会の教会領として寄進していた事実を知った秀吉が、激怒して発したものであった。

これより前、同年三月には大友義鎮の嫡子大友義統《よしむね》（大友家二二代当主）が洗礼を受けていた。洗礼名は名コンスタンチノで、場所は豊前の妙見岳城《みょうけんだけ》であったという。キリシタン大名黒田官兵衛の強い勧めによるものであった。皮肉にも両者は、のちに別府の石垣原で戦うことになる（『大分歴史事典』）。ところが義統は、洗礼後間もなくバテレン追放令が出されると、保身のためいち早く棄教した。義統は棄教どころか、府内にいたバテレン（宣教師）五人をすぐに追放した。これ以降豊後では、キリシタンに対する迫害がしだいに強まっていく。義統は領国経営においても、信仰においても一貫性がない人物だった。

次第に迫害が強まる中、府内にジョラム・マカマ（仲摩か）という老人がいた。高田出身の者で、「剛勇の士」であった。かつて大友宗麟が布教に熱心であった頃キリスト教に入信し、家族も皆キリシタンになった。イエズス会士が不在の時、この老人は病者を診察し、死者があればこれを埋葬した。夜は仏教徒にキリストの教えを語り、またキリシタンたちを喜ばせることをおのれの生業《なりわい》とした。大友義統が棄教し、宣教師がいなくなると、ジョラムはこれに代わってキリシタンを保護する務めを担った。弾圧に転じた大友義統は、ジョラムの活動を聞いて大いに怒り、部下三人にジョラムの殺害を命じた。こうして、遂にジョラムは捕らえられ、天正一七年（一五八九）七月二六日に処刑された。これが、豊後国における初めての殉教であったという（『豊後鶴崎町史』）。豊後国での最初の殉教者は、高田出身の老キリシタンだった。

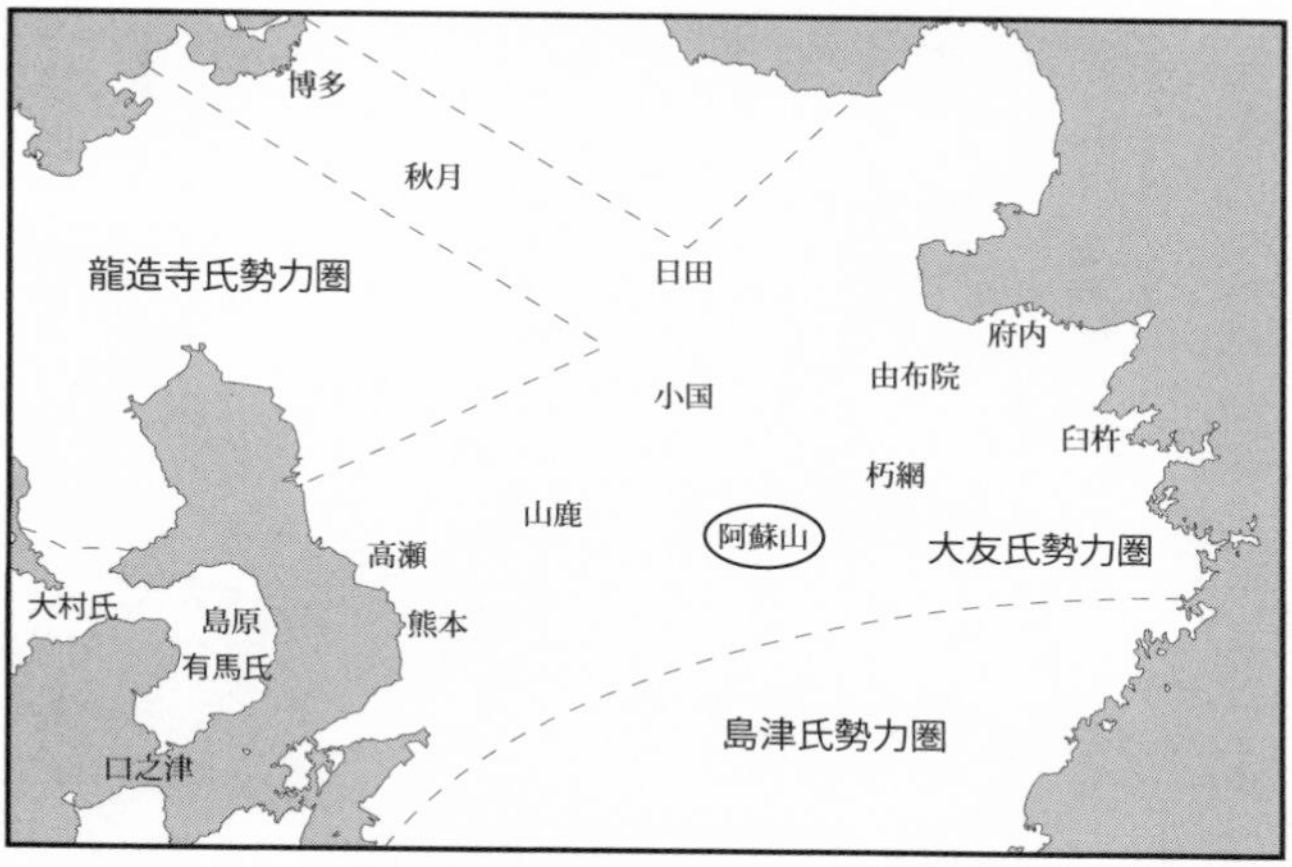

【図４】一五八〇年頃の九州勢力図

「キリシタン・ベルト」の東端

さきにも紹介した川村信三は、「キリシタン・ベルト」論を唱えている。これは、九州西端でキリシタンの寺内《じない》（「独立自治領」。浄土真宗の「寺内」に相当）にあたる肥前国長崎、その長崎半島の東側に位置する茂木《もぎ》（現長崎市）、島原半島の口之津《くちのつ》（現南島原市）・有馬《ありま》（現南島原市）・島原、有明海をはさんでその対岸に位置する肥後国の高瀬（現玉名市）、そこから阿蘇山をはさんでキリシタンが栄えた朽網《くたみ》（現竹田市直入町）を経ての豊後国府内、臼杵に至るまで九州北部を横断する地域をいう【図4】【図5】。大友義鎮は、天文二一年（一五五二）の肥後攻めに際してこのルートを東から西へ動いている。そしてその後、この地域は大友義鎮の勢力下にあった（川村（一））。大友氏の影響力は、北部九州のほぼ全域に及んだ。また、九州の西端にあって、やはりイエズス会とキリシタンの拠点であった天草にもその影響力は及んでいる（窪田頌「使者としてのイエズス会」『大分合同新聞』二〇一九年七月六日）。布教拠点（住院）があった高田は、いわばこのキリシタン・ベルトの東端といえる。豊後国にかぎっていえば、先にも述べた大野川流域、さらに竹田、朽網と確かにベルト状にキリシタンの

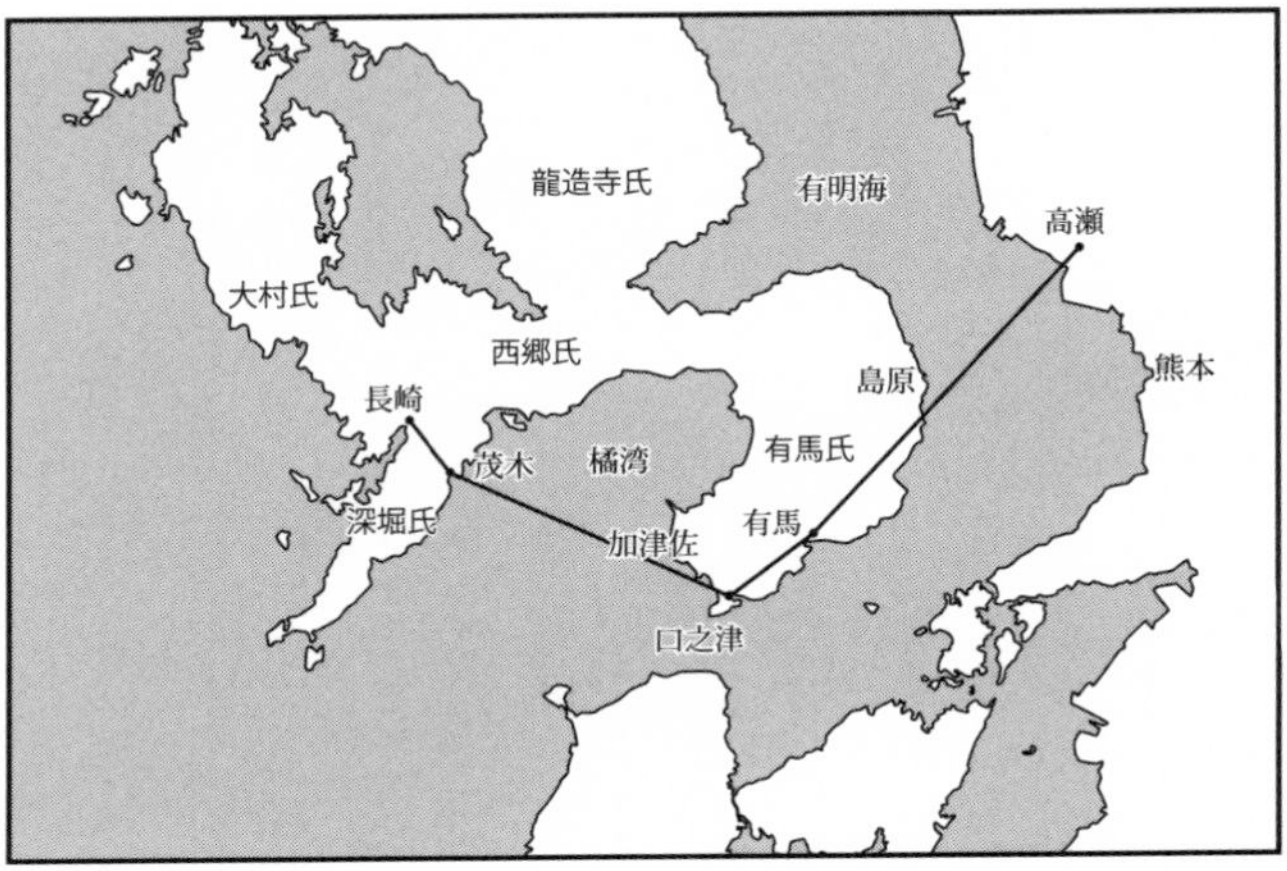

【図5】キリシタン・ベルト図（長崎—高瀬ルート）

痕跡（遺跡）が今もみられ、肥後国に接続する。

「キリシタン・ベルト」に関連して、他の研究者も長崎から大分の府内を結ぶルートの存在を指摘している。『アルメイダ街道』（梓書院、二〇一一年）の著者加茂宗人は、一五六三年以降、島原や口之津などから船で島原湾を渡り、高瀬から朽網を経て府内に至るルートが定着したという。この九州横断ルートは、イエズス会士の書簡やフロイスの『日本史』にも断片的に出てくる。ただ、高瀬から朽網間のルートがはっきりしない。加茂は、フロイスの『日本史』に阿蘇の大カルデラや噴煙の描写がないことから、熊本県の菊池市から阿蘇外輪山北側の小国町や南小国町を通り、大分県側の朽網に入ったと推定している（「西国風土記」『読売新聞』二〇一九年八月二四日）。

このルートには、それぞれキリシタン大名の大村氏、有馬氏、大友氏の領地であって、多くのキリシタンがおり、現在もキリスト教にまつわる遺跡が残されている。当時（「キリシタン世紀」）は、支配領域を超えて、キリシタン大名とキリシタンの連携も可能であった。実際、天正遣欧使節（天正一〇年（一五八二）は、ヴァリニャーニの勧めで四人の少年をローマ教皇のもとに送った）は、これらのキリシタン大名たちの連携によって実現した。このような地域の存在は、全国統一を目指す豊臣秀吉にしてみれば、大きな脅威とみなされた。さらに畿内には高山右近もいて、畿内にもキリシタンが勢力を拡大しつつあった。九州東端の豊後国からは、瀬戸内海を経由して海路で畿内とも連携することが可能である。

ここで再びヴァリニャーニの三布教区の地図をみて欲しい【図3】。布教区は都区、豊後区、下区の三つだったが、豊後区がちょうど下区と都区を繋ぐ位置にあることがわかる。瀬戸内海を介すれば、豊後区を真ん中において西日本全体をカバーできる。豊後区が単独の布教区だったのは、ひとつは大友義鎮の存在が大きかったのだろう。イエズス会の宣教師たちは、大友氏の九州における影響力を充分に認識していた。そしてその影響力を自らの布教に有利になるように利用しようとした。それに加え、地理的にみれば豊後国は、西日本全体の布教区の中央にあって、東西を繋ぐ重要な地点と認識されていたのではないか。

島津（薩摩）を平定して九州を支配下に置くことに成功した秀吉は、その脅威を実感したのだという。また長崎が一向宗とおなじ「寺内」となっていることも許せなかった。川村によれば、天正一五年（一五八七）に発令されたバテレン追放令はこのような「脅威」に対処するために出されたという（川村（二））。

キリシタン禁令と「豊後崩れ」

「豊後崩れ」といわれる大量のキリシタンの露顕とその弾圧事件も、その発端は高田輪中の村々での出来事であった。

江戸幕府による公式のはじめてのキリシタン禁令は、慶長一七年（一六一二）であった。翌年には、宣教師を長崎へ送り、国外に追放した。これをうけて諸大名は、領民に対して信仰を棄てるよう命じている。豊後国においても慶長一七年、「高田と野津の神父たちは追放された。神父の一人は、病気のためしばらく逗留することができた」（『日本切支丹宗門史』）とあり、宣教師の追放がはじまっている。

元和三年（一六一七）、洞窟に隠れ住んでいたナバロ神父は、ひそかに大野川下流域を巡回した。このとき、「高田」（大野川左岸）「丹生・大佐井・志村・種具」（大野川右岸）「利光・戸次・清田」（右の二地区より上流部）で、信仰を保持する旨の誓約書を提出させている。高田では「葛木半笑ほるか」ほか三一名、丹生・大佐井・志村・種具では二五名、利光・戸次・清田で一七名が誓約書を提出したという（『大分市史（中巻）』）。このほか現在の大分県域では、中津一七名、湯布院六名、日出八名、府内六名、臼杵五名、野津一七名、南郡（現佐伯市）六名が、禁教下で信仰を維持していたという（『大分のキリスト教史』）。この頃からキリシタンは潜伏し、いわゆる「かくれキリシタン」となる。しかし幕府や藩は、さらに迫害を強化して棄教をせまり、応じない場合は処刑した。また密告を奨励しキリシタンを発見し、徹底的に弾圧した。

万治二年（一六五九）、幕府はさらなる取り締まりの強化を命じた。これは明暦三年（一六五七）から万治元年（一六五八）にかけて起きた肥前大村藩の「郡崩れ《こおりくず》」という事件に対処したものだった。「郡崩れ」とは、大村藩内の郡村で、キリシタンが露顕し六〇〇人以上が逮捕され、四一一人が処刑されるという事件であった。　そして万治二年、「豊後崩れ」（豊後露顕ともいう）が起こった。この事件もまた、熊本藩領高田手永の村々から発生した。『中川史料集』（岡藩の史料）によれば、岡藩領三佐から本藩への報告で、高田輪中の上徳丸・下徳丸・鵜猟河瀬村から八軒、七一人のキリシタンが露顕し召し捕らえられたという。その後臼杵藩領、岡藩領でもキリシタンが露顕した。これがこの後天和三年（一六八三）まで二四年間にわたって豊後国一円を恐怖のどん底に陥れた「豊後崩れ」のはじまりだった（『大分市史（中巻）』）。

この「豊後崩れ」で、どれほどのキリシタンが長崎へ送られ、死罪になったかという実数は判明しない。しかし豊後国の幕府領（一七ヶ村）だけでも、二二〇人が捕縛され、うち五七名が死罪、貞享三年（一六八六）段階での牢死が五九人、江戸・長崎・日田の在牢が三九人、放免が六五人となっている。臼杵藩領での捕縛者は五七八人、処刑および牢死が五七人となっている。熊本藩の豊後領で処刑を免れ、転びキリシタンとして登録されたのは三九三人おり、豊後全体でキリシタンとして、この間に捕縛された人々は、優に一〇〇〇人を超えたと推測される。万治三年（一六六〇）の長崎側の史料（「実録大成」）によれば、「万治三年以来、豊後国臼杵、竹田、杵築、鶴崎などから邪宗門類族（キリシタン）の男女が数多《あまた》当表（長崎）に送られてくる」とある。この「鶴崎」というのが、高田手永の七一人と思われる。高田で捕らえられたキリシタンは、いったん鶴崎の牢に入れられ、その後長崎へ送られた（『大分の歴史（5）』）。

「豊後崩れ」に代表されるキリシタンの大量捕縛は、幕府によって「演出」された事件といわれる。キリスト教および教徒の取り締まりは、幕府による諸大名統制の一環として行われた。これによって諸藩を幕府権力への完全な服従へと向かわせたというのである。また、全国の人々の思想（宗教）を統制し、宗門改め制度によって町村の戸口（世帯数や人口）を掌握した。さらに、家族や近隣の者も信用できないという相互監視制度によって、村落秩序が維持されることとなった。キリシタンはそのために利用されたのである（『大分歴史事典』）。このあと豊後国の各藩では、長崎奉行所から踏絵を借用し、全領民を対象とする絵踏が制度化された（『大分のキリスト教史』）。

寛文年間の検挙

しかし、「豊後崩れ」以後も断続的にキリシタンの検挙が行われた。寛文年間の鶴崎周辺でのキリシタンの検挙についてみてみたい。寛文八年（一六八八）には、豊後国の幕府領八三名、熊本藩領六四名、臼杵領七三名、岡藩および府内藩で一〇名、合計二三〇名の者が捕らえられた。これは長崎奉行所における取り調べ資料に基づいて、奉行所が右の各藩にキリシタンの捕縛状況を照会してきた結果である。さらに長崎奉行所は熊本藩に対して、翌寛文九年から寛文一一年までの奉行所の調査

【表6】寛文年間の鶴崎周辺のキリシタン捕縛数

	村名	人数	牢死
大分郡	鶴猟河瀬村	26	2
	亀甲村	6	2
	上徳丸村	18	0
	下徳丸村	1	1
	関門村	3	0
	堂園村	5	3
	下鶴崎村	2	0
	寺司村	1	0
海部郡	種具村	7	2
	大西村	7	0
	溜水村	4	0
	芝尾村	1	0
直入郡	九重丸山村	3	1
	白仁村	2	0
合計		86	11

『豊後鶴崎町史』

に基づく二二人のキリシタンについても照会してきた。この寛文八年と寛文九年から一一年の二度の検挙で、熊本藩領では八六人のキリシタンが捕縛されたが、その村別の人数が【表6】である（『豊後鶴崎町史』）。

鵜猟河瀬村から堂園村までが、高田輪中にあたるが、ここの合計が五九人で全体八六人中の約七割にあたる。ここでも高田のキリシタンの数が非常に多いことがわかる。寛文年間キリシタンの検挙は、もちろん熊本藩だけが厳しかったわけではない。幕府領でも臼杵藩ほかでも厳しい追及が続いた。キリシタンの信仰もまた、これに抗するように根強く続くのだが、迫害する側の力が次第に前者を凌駕していく。

喜左衛門事件と「恐怖の時代」

「豊後崩れ」の初期に捕らえられ長崎に送られたが、転宗したために帰村した者に鵜猟河瀬村の住人喜左衛門がいる。この喜左衛門は、自分自身の母親をキリシタンであると訴えている。「臼杵藩領横尾村四郎右衛門の女房は、私の母親です。その母は、キリシタンです。母は私に『キリシタンの心を棄てないように』といいましたが、私はかつて長崎に送られて取り調べをうけ九死に一生を得ました。だから母の勧めには同意しませんでした。大切な母ではありますが、筋が違うので申し上げます。この口上書を長崎へ差し出してください」と。「臼杵藩領横尾村」も大野川の左岸にあって、高田からもほど近い。喜左衛門に「訴人」（キリシタンを訴える行為、または訴えられること）を勧めたのは、同じ鵜猟河瀬村の喜右衛門だった。「訴人」後、ふたり（夫婦）は長崎に呼び出され事情を聴取された。その後ふたりは帰村して、「訴人」の賞金を得ている。当時、キリシタンの存在を密告すれば、幕府や藩から賞金が与えられた。訴えられた喜左衛門の母親は、すぐに臼杵藩に召し捕らえられたが、その後の消息は不明である。刑死または牢死したものと思われる。

この事件は、その後も複雑な様相を帯び、喜左衛門の周辺では関係者がキリシタンとして逮捕、再逮捕、取り調べがくり返された。実は、はじめに喜左衛門が長崎に呼び出されているとき、その留守中に鶴崎の牢に入れられていた娘が死んでいる。喜左衛門は、実母を訴えて賞金を得たが、彼とその周辺では度重なる不幸が続いている。そもそも喜左衛門は、賞金を得るために母を訴えたのではなかったろう。また「親子であるから、訴えることを躊躇していた」という。しかし、訴えなければ自分が罰せられることも分かっていた。喜左衛門が「訴人」を決意したのは、喜左衛門と喜右衛門の女房つながりで、喜右衛門が事実を知ってしまったことにある。喜右衛門もキリシタンの所在を知ってしまった以上、訴えなければ罰せられる。さらには、ふたりの女房たちにも罪が及ぶ。喜右衛門も喜左衛門も追いつめられた。そしてついに、息子が母親をキリシタンであると訴える悲劇が生じたのである。こうしてキリシタンの取り締まりを巡って、村びと相互（それは肉親であっても）が常に監視しあう「恐怖の時代」を迎えることになった。

寛文末年（一六七〇年）ころと思われる、幕府の役人から府内藩への手紙が残っている（「柞原《ゆすはら》八幡宮文書」）。これによれば豊後のキリシタンは、大友時代に強制的にキリスト教徒にされた者が多く、その者たちの子孫が「訴人」されている例が多いという。また、キリシタンでない者がキリシタンと疑われ、取り調べの際に拷問の苦痛から逃れるため誰かを「訴人」したり、個人的な「意趣」（うらみ）によって誰かを「訴人」する場合もあることが述べられている。キリシタンの取り締まりや捕縛は、藩の枠を越えて行われた。この網をかいくぐることは、ほぼ不可能であった。わずかな疑いのある者もほとんどすべてが捕縛された。豊後のキリシタンは「豊後崩れ」の間にほぼ根絶やしにされた。この後、豊後ではキリシタンとして生き延びた教徒の存在の可能性は極めて少ない。信仰を棄てた「転《ころ》びキリシタン」の子孫にあっても、「類族」として登録され、厳しい監視体制の下におかれた（『大分市史（中巻）』『大分歴史事典』）。

元禄六年のキリシタン類族数

『肥後讀史總覧』に元禄六年（一六九三）の熊本藩内キリシタン類族名簿が挙げられている。これは「元禄六年吉利支丹類族存命帳」を復元したものだという。これを郡町別の一覧にしたものが【表7】である。総人数で七七八人におよぶが、みてすぐ分かるとおり、大分郡の三〇八名が突出している。ついで八代町（現八代市）が一三五人であるが、大分郡は八代町の二倍以上である。海部郡《あまべぐん》（主に関手永）を加

【表7】元禄6年熊本藩郡別キリシタン類族数

	人数	比率
お侍	45	5.8
熊本城下	83	10.7
飽田郡	16	2.1
詫摩郡	4	0.5
上益城郡	13	1.7
下益城郡	15	1.9
宇土郡	20	2.6
八代郡	12	1.5
八代町	135	17.4
芦北郡	4	0.5
玉名郡	29	3.7
山鹿郡	3	0.4
合志郡	2	0.3
阿蘇郡	5	0.6
大分郡	308	39.6
海部郡	81	10.4
直入郡	3	0.4
合計	778	100

松本雅明監修『肥後讀史總覧』（鶴屋百貨店、昭和58年）より作成

【表8】元禄6年大分郡村別キリシタン類属数

	人数	比率
関門村	29	9.4
上徳丸村	37	12.0
南村	4	1.3
堂園村	11	3.6
亀甲村	26	8.4
鵜猟河瀬村	41	13.3
下徳丸村	24	7.8
常行村	45	14.6
鶴崎村	2	0.6
寺司村	3	1.0
鶴村	40	13.0
迫村	34	11.0
志村	5	1.6
弓立村	1	0.3
阿鉢村	2	0.6
田野尾村	1	0.3
芝尾村	1	0.3
湛水村	2	0.6
合計	308	100

松本雅明監修『肥後讀史總覧』(鶴屋百貨店、昭和58年) より作成

えると熊本藩内のキリシタン類族の約半数は、現在の大分県域にいたことになる。さらに大分郡内の村別のキリシタン類族の一覧が【表8】である。関門村から常行村までの八ヶ村が、高田輪中の村々であるが、大分郡内の約七割がここに集中している。元禄段階でも、高田輪中に高い密度でキリシタン類族が居住していたことがわかる。

「キリシタン類族」とは、男系の場合は本人から五代目（玄孫）まで、女系の場合は三代目（孫）までに限られた。つまり男系の場合、各藩は本人から五等親まで類族帳に登録し、奉行所の類族方でその動静を把握した。類族帳には、その出生・死亡のほか、移転・転宗などの諸届がすべて記載された。キリシタンの穿鑿《せんさく》は家さがし、五人組による内部監視、絵踏（影踏）、訴人（通報）など色々な方法が用いられ次第に転宗が進んだ。熊本藩では、文化年間（一九世紀はじめ）には、類族の数が一〇〇人あまりに減少したという（『肥後讀史總覧』）。

第六章で述べたが、高田の刀鍛冶たちももとキリシタンで、類族として穿鑿の対象となっていた。これまでのところ、高田輪中に類族はいても、信仰を維持した「かくれキリシタン」が生き続けた

とは認められない。しかし、しだいに類族が減少し続けたとはいえ、江戸時代後期に至っても厳しい類族改めが続いた。

あとがき

「まえがき」で、筆者が高田輪中に関わるようになったのは、一〇年くらい前からだと書いた。しかし、実は三七年も前に筆者（当時は熊本県南阿蘇村在住）は高田輪中を訪ねている。それは一九八二年（昭和五七）の夏だった。筆者は学生として、毛利空桑関係文書の調査で鶴崎の毛利空桑旧宅、すなわち天勝堂に熊本からやって来ていた。当時の毛利家当主は、故毛利弘さんだった。確か四～五日間、旧宅（当時は毛利弘さんの自宅）に寝泊まりさせて頂いて、古文書のコピーをした記憶がある。その折、常行の毛利空桑の墓所も訪ねた。当時まだ、毛利空桑が何者かもしらなかったが、「日本国儒者毛利到墓」と書いた墓石に驚いた思いがある。何と壮大な「肩書」だろうかと思った。しかしその時、そこが輪中だという認識は全くなかった。

その高田輪中にこだわりはじめたのは、勤務校の部活動（郷土史研究部）で、部員の生徒たちと何度も高田を訪ね、関連の資料を調べはじめてからである。この活動では、四年間連続して高田輪中を調査した。そしてその成果をレポートにして、奈良大学主催の全国高校生歴史フォーラムに応募した。幸運なことに四回のうち三度賞を頂くことができた。

「まえがき」で述べたように、高田輪中に関する史料や著作はいくつもあり、それも優れたものばかりである。本書のかなり部分は、それらの成果に依拠している。だから、本書にどれくらいの価値や意味があるのかと思いながらの執筆であった。しかし、これまでの成果を一冊にまとめ、さらに新しい知見も盛り込んだつもりである。また、これまでの高田に関する著作は、高田輪中内に暮らす住人、いわば「当事者」の手によるものである。それに比べ筆者は、輪中外の視点にたって叙述した。

　本書を執筆するにあたって高田はもちろん、いろいろなところを訪ねた。その中でも印象深かったのは、別府市の歯科医秋吉收氏が所有されている「良聞居《りょうぶんきょ》」である。本文でももちろん取りあげているが、数年前にどこかで「高田会所の建物が別府に移築されて保存されているらしい」と知ったときは、少々興奮したことを覚えている。しかし、その建物の所在地は分からないままだった。その秋吉氏と巡り会ったのは、『放浪・廻遊民と日本の近代』（弦書房、二〇一六年）を上梓したあとである。秋吉氏が拙著をお読み下さって、御丁寧な感想を寄せて頂いたのだが、その御手紙に「良聞居」の資料が添えられていたのである。これはまた、何という縁だろうかと驚いたことだった。失礼ながら、すぐにお電話をして近々お訪ねしたいというと、快諾して頂いた。ところが、その頃はまだ『西南戦争民衆の記』に取り組んでいたこともあって、秋吉氏宅（良聞居）を御訪ねするまでに随分時間がかかった。先日（二〇一九年一〇月）、やっとお会いできたが、丁寧にお迎え頂いたうえに、良聞居について詳しい説明をしていただいた。とても感謝している。その時秋吉氏が「本当は、この建物は高田会所跡で保存されるのが一番良いのですが」とおっしゃったが、このひと言に深く感銘を受けた。

つい最近、前山光則著『ていねいに生きていくんだ《本のある生活》』（弦書房、二〇一九年）を読んだ。この本の中に東京の佃島《つくだじま》界隈で育った吉本隆明の「佃渡しで」という詩が紹介されていた。その冒頭は次のようなものである。

水に囲まれた生活というのは
いつでもちょっとした砦のような感じで
夢のなかで掘割はいつもあらわれる
橋という橋は何のためにあったか？
少年が欄干に手をかけ身をのりだして
悲しみがあれば流すためにあった（後略）

佃島は、江戸時代に大坂の漁師たちが江戸に移住して作った集落である。そして文字通り、掘割に囲まれた島である。前山はこの詩について、「この部分が特に好きだ。『砦のような感じ』というのが、わたしも球磨川河口の三角州内に住んでいるから共感する」というコメントを添えている。

これを読んだとき筆者は、「ああそうだったのか、砦だったのか」と思った。いま高田輪中に住んでいる人たちには、こんな感覚はすでに薄れているのかも知れない。しかし往時の高田輪中の住人たちは、輪中を砦だと思っていたのではないかと思ったのだ。頻繁に洪水に襲われる輪中に何故人は住むのか？しかし住人たちは、そこを危険地帯と思っていたのか、それとも砦だと考えたのか。

後者であれば、そこに人が住み続けた理由がよくわかる。

本書を執筆して終盤にさしかかったころ、台風一九号による関東甲信越、および東北地方で大きな洪水被害が起こった。それはあの西日本豪雨の被害を上まわる規模であった。本書では、高田輪中の「洪水史」も扱った。水とともに暮らした高田輪中には、洪水に対するいろいろな知恵があった。それでも洪水の被害は、避けられなかった。いま高田輪中の堤防を歩くと、堤防の規模の大きさに圧倒されるほどである。それはもはや盤石とも思える。戦後、高田輪中は外水氾濫による壊滅的な被害を受けることはなかった。しかし、今回の台風一九号と同じ規模の降水が、大野川流域で発生したとき、流域で大きな被害がおこることは容易に想像できる。高田輪中での防災意識の喚起も、これから一層必要になろう。今後私たちは、「気候変動の時代」に生きて行かねばならない。今こそ私たちは、災害の歴史に学ばなければならない。拙著が、そのような防災意識の喚起の一助になればとも思っている。

この数年の調査でお世話になったのが、高田校区公民館のみなさん（歴代の館長さん、職員の方）と輪中をご案内頂いた地元の方々である。たくさんの資料や情報も提供していただいた。ありがとうございました。また、本書の構想に興味を抱き、今回も出版を後押ししていただいた弦書房の小野静男氏に深く感謝したい。

長野浩典

【主要参考文献】

『続高田村志』高田公民館、平成二四年
尾崎乕四郎『社会科ものがたり』文化日本社、昭和二二年
「みんなでつくる大野川」大分河川国道事務所、二〇〇五年
吉良国光「鎌倉時代豊後国における地域的流圏について―大野川流域を中心として―」『大分県立芸術文化短期大学研究紀要』第三三巻、一九九五年
尾方雅大「高田輪中について―江戸時代を中心に―」大分大学卒業論文、平成二七年度
『高田風土記』『大分県地方史料叢書（一）』大分県地方史研究会、昭和五七年
『ふるさと松岡』大分市立松岡小学校、一九九〇年
『日本古典文学大系狂言集下』岩波書店、昭和四九年
「高田輪中〝くね〟の現地調査及び防災・減災に果たした事例」大分短期大学、平成三〇年
特定非営利活動法人トシデザインワークス「仙台平野みんなの居久根プロジェクト」
築地松景観保全対策推進協議会「守っていきたい、心のふるさと　ついじまつ（築地松）」
『研究小報第一一集』大分市鶴崎地区文化財研究会、昭和六三年
『研究小報第一二集』大分市鶴崎地区文化財研究会、平成元年
吉良明子「大野川下流平野の微地形と水害との対応に関する地形学的研究」『大分地理』第一四号、大分大学教育福祉科学部地理学教室、二〇〇一年
蓑田勝彦「熊本藩領豊後国三手永の『物産物調帳』について」『年報熊本近世史』熊本近世史の会、平成二二年
秋吉収『良聞居―高浜虚子と別府俳壇をつなぐ家―』豊の国生活文化研究所編、平成二七年
『研究小報第五集』大分市鶴崎地区文化財研究会、昭和五七年
『大分歴史事典』大分放送株式会社、平成二年
『大野川―自然・社会・教育―』大分大学教育学部、一九七七年
『大分県公文書館だより第三号』大分県公文書館、平成九年
長野浩典「大分県における『スペイン風邪』の流行とその社会的影響」『大分県地方史』（二〇七号）、大分県地方史研究会、二〇〇九年
NHK大分「大分県災害データアーカイブ」
『大分県市町村大鑑』大分新聞社、昭和一四年
『大分県史近代篇Ⅱ』大分県、昭和六十一年
小倉妙子「高田輪中地区における水害と人々の暮らし」

『2013年度地理学野外実習報告書Ⅵ大分』信州大学教育学部自然地理学研究室、二〇一五年
『郷土の先覚者シリーズ第九集　毛利空桑・片田徳郎』大分県先覚者シリーズ刊行会、昭和五四年
『大分県偉人伝』大分県教育会、昭和十年
『第一回日本世間遺産学会inたかた』日本世間遺産学会inたかた実行委員会、二〇一八年
『大分郡高田村是』大分郡高田村、明治四五年（大分県公文書館所蔵）
久多羅木義一郎他編著『高田村志』大正九年（昭和五十三年復刻）
『大分県の地名　日本歴史地名体系四五』平凡社、一九九五年
豊田寛三「大野川下流域町・村の構造と舟運」、前掲『大分川』所収
吉村豊雄『幕末武家の時代相―熊本藩郡代中村恕斎日録抄―上巻』清文堂出版、二〇〇七年
『肥後讀史總覧』鶴屋百貨店、昭和五十八年
岩田和宏「近世高田手永の研究」大分大学卒業論文、一九九六年
『ブリタニカ国際百科事典小項目版』二〇一四年
『豊後鶴崎町史』（鶴崎町、昭和二年、歴史図書社昭和五三年復刻）
『詳説日本史』山川出版社、二〇一六年
縄田康光「歴史的に見た日本の人口と家族」『立法と調査』二六〇号、参議院事務局企画調査室、二〇〇六年
長野浩典『ある村の幕末・明治―「長野内匠日記」でたどる七五年―』弦書房、二〇一三年
「特別展細川家の至宝」東京国立博物館、二〇一〇年
「日本の美意識・刀剣と金工」日本の美意識展実行委員会、令和元年
秀村選造編『新刀豊後国高田鍛冶史料二』文献出版、平成二年
『大分県史美術篇』大分県総務部総務課、昭和五六年
秀村選造編『新刀豊後国高田鍛冶史料一』文献出版、昭和六二年
高田浩己「高田の刀鍛冶について」『研究小報第二五集』大分市鶴崎公民館ふるさとの歴史教室、平成一九年
福川一徳「解説」『新刀豊後国高田鍛冶史料一』所収
蓑田勝彦編著『熊本藩の社会と文化Ⅱ』八代古文書の会、二〇一九年
『大分の歴史（5）小藩の分立』昭和五二年、大分合同新聞社
山下和秀「近世後期の九州における山陰産和鉄の流通」『山陰におけるたたら製鉄の比較研究』島根県古代文化センター、二〇一一年

『大分の歴史（7）ゆらぐ封建社会』大分合同新聞、昭和五四年
『豊後キリスト教史』大分県立先哲史料館、二〇〇一年
『大分市史（中巻）』大分市史編さん委員会、昭和六二年
田中裕介「日本のキリシタン墓研究の現状」『臼杵史談（一〇四号）』臼杵史談会、二〇一四年
鬼頭宏『人口から読む日本の歴史』講談社、二〇〇〇年
狭間芳樹「日本及び中国におけるイエズス会の布教方策―ヴァリニャーノの「適応主義」をめぐって―」『アジア・キリスト教・多元性3』京都大学、二〇〇五年
村上直次郎訳『イエズス会日本年報（上）』雄松堂書店、昭和四四年
川村信三（一）『キリシタン大名高山右近とその時代』教文社、二〇一七年
櫻井成昭「豊前のキリシタン」『史料館研究紀要（第二一号）』大分県先哲史料館、二〇一六年
川村信三（二）『キリシタン信徒組織の誕生と変容』教文館、二〇〇三年）
半田康夫『豊後キリシタン遺跡』いずみ書房、一九六一年
『大分のキリスト教史』大分県立先哲史料館、二〇一九年
前山光則著『ていねいに生きていくんだ《本のある生活》』（弦書房、二〇一九年）

〔著者略歴〕
長野浩典（ながの・ひろのり）
一九六〇（昭和三五）年、熊本県南阿蘇村生まれ。
一九八六（昭和六一）年、熊本大学大学院文学研究科史学専攻修了（日本近現代史専攻）。
現在　大分東明高等学校教諭
主要著書　『街道の日本史　五十二　国東・日田と豊前道』（吉川弘文館）
『熊本大学日本史研究室からの洞察』（熊本出版文化会館）
『緒方町誌』『長陽村史』『竹田市誌』（以上共著）
『大分県先哲叢書　堀悌吉（普及版）』（大分県立先哲史料館）
『ある村の幕末・明治──「長野内匠日記」でたどる75年』『生類供養と日本人』
『放浪・廻遊民と日本の近代』『西南戦争民衆の記──大義と破壊』（以上弦書房）

川の中の美しい島・輪中《わじゅう》
──熊本藩豊後鶴崎からみた世界

二〇二〇年二月二五日発行

著者　長野浩典《ながのひろのり》
発行者　小野静男
発行所　株式会社　弦書房
（〒810・0041）
福岡市中央区大名二─二─四三
ELK大名ビル三〇一
電話　〇九二・七二六・九八八五
FAX　〇九二・七二六・九八八六

組版・製作　合同会社キヅキブックス
印刷・製本　シナノ書籍印刷株式会社

ISBN978-4-86329-199-7 C0021